EDAF

MADRID - MÉXICO - BUENOS AIRES - SAN JUAN - SANTIAGO

PABLO VILLARRUBIA MAUSO

LAS LUCES DE LA MUERTE

Cuando el misterio ataca

EL ARCHIVO DEL MISTERIO DE IKER JIMÉNEZ

Director de la colección: Iker Jiménez

© 2003. Pablo Villarrubia Mauso
© 2003. De esta edición, Editorial EDAF, S. A. Jorge Juan, 30. 28001 Madrid

Diseño de cubierta: Miguel y Bernardo Rivavelarde

Dirección en Internet: http://www.edaf.net
Correo electrónico: edaf@edaf.net

Editorial Edaf, S. A.
Jorge Juan, 30. 28001 Madrid
http://www.edaf.net
edaf@edaf.net

Edaf y Morales, S. A.
Oriente, 180, n.º 279. Colonia Moctezuma, 2da. Sec.
15530. México D.F.
http://www.edaf-y-morales.com.mx
edafmorales@edaf.net

Edaf del Plata, S. A.
Chile, 2222.
1227 Buenos Aires, Argentina.
edafdelplata@edaf.net

Edaf Antillas, Inc.
Av. J. T. Piñero, 1594
Caparra Terrace
San Juan, Puerto Rico (00921-1413)
edafantillas@edaf.net

Edaf Chile, S. A.
Huérfanos, 1178 - Of. 506
Santiago - Chile
edafchile@edaf.net

Junio 2004

Queda prohibida, salvo excepción prevista en la ley, cualquier forma de reproducción, distribución, comunicación pública y transformación de esta obra sin contar con la autorización de los titulares de propiedad intelectual. La infracción de los derechos mencionados puede ser constitutiva de delito contra la propiedad intelectual (art. 270 y siguientes del Código Penal). El Centro Español de Derechos Reprográficos (CEDRO) vela por el respeto de los citados derechos.

ISBN: 84-414-1508-0
Depósito legal: M. 27.650-2004

PRINTED IN SPAIN   IMPRESO EN ESPAÑA

Imprime: Anzos, S. L. - Fuenlabrada (Madrid)

Este libro está dedicado al querido amigo Marcos Silva, «el Marcão», entrañable ufólogo brasileño, chamán y humanista tristemente desaparecido cuando aún disfrutaba del apogeo de su vida.

Espero que siga realizando sus alertas ovnis en las montañas selváticas de algún mundo fantástico, mirando a la Tierra con su pequeño telescopio, aún sin comprender nuestro estúpido planeta, corrompido en guerras, envidias y mezquindades.

Índice

¿POR QUÉ PUBLICAMOS ESTE LIBRO?, por Iker Jiménez .. 11

INTRODUCCIÓN: Ovnis: ¿peligro a la vista?...................... 15

CAPÍTULO 1. João Prestes: muerte lenta y atroz en Araçariguama en 1946 23

CAPÍTULO 2. Muerte misteriosa en la isla de los Cangrejos 43

CAPÍTULO 3. La extraña desaparición de Rivalino Mafra y el muchacho cegado por un ovni en Reunión 61

CAPÍTULO 4. Ovnis asesinos en la Amazonia 83

CAPÍTULO 5. La increíble «operación Plato» 103

CAPÍTULO 6. El caso de las «máscaras de plomo» 123

CAPÍTULO 7. ¿Suicidio provocado por abducción? 145

CAPÍTULO 8. Caso Billings: ¿mutilación humana provocada por extraterrestres? 159

CAPÍTULO 9. La «guacha» asesina de Colombia y los enanos peleones de Venezuela y Honduras 179

CAPÍTULO 10. Casos de aviones y pilotos desaparecidos o muertos ante los ovnis 193

CAPÍTULO 11. ¿Qué nos ocultan los Gobiernos? 203

CAPÍTULO 12. Otros casos de incidentes violentos con ovnis 219

¿Por qué publicamos este libro?

CON DOCE AÑOS leí la terrible historia del buscador de piedras preciosas Rivalino Mafra da Silva. Un suceso tan macabro que se me quedó enganchado en lo más profundo del cerebro. Casi dos décadas después noto que ni siquiera el exorcismo del lógico escepticismo que va calando con los años me ha permitido olvidarlo.

Y ahora esto me trae nuevos recuerdos.

Una noche, en una mísera choza de adobe, algo extraño despertó la quietud de la familia. Abandonado por su esposa, el hombre enjuto y huesudo, de muy baja estatura, cuidaba como podía de los suyos y enseguida escuchó alboroto en el cubículo contiguo al suyo. Aquel lamento o chillido había desvelado primero a su hijo Raimundo, según contó él mismo horas más tarde y con los ojos llorosos a los miembros de la Gendarmería.

—Ese parece Rivalino... —se escuchó con eco desde el patio interior—. ¡Vamos a matarlo!

Lo que ocurrió después en aquella chabola apartada del resto de la población brasileña de Duas Pontes —o lo que nos decían algunos libros que ocurrió— es algo digno de figurar en las más horribles pesadillas del hombre moderno. Unos seres achaparrados y oscuros entrando en escena, rezos llenos de angustia, una desaparición total...; en fin, una serie de sustos dignos de infarto que, si son pacientes, se irán encontrando al sumergirse en esta lectura.

Y es que así son los casos reflejados en este trabajo que ahora tienes entre las manos. Crudos y tan reales como algunas secuencias de la vida. Eso es lo que ha retratado con precisión y ganas el periodista Pablo Villarrubia Mauso en una labor de muchos años al límite y apoyada siempre con la fuerza de los documentos. Estos son un puñado de verdaderos expedientes X —que superan a cualquier ficción televisiva, por cierto— que él y solo él ha recuperado con la energía inimitable de aquellos que son capaces de llegar al fin del mundo para completar la pieza de sucesos que otros muchos olvidaron.

Gracias a Pablo, y gracias a este libro, por fin he podido ver con mis propios ojos cómo era aquella casa de amargos sueños infantiles donde todos salieron como alma que lleva el diablo. Y advierto, ese es solo uno de los capítulos. Cada imagen, cada diapositiva, lleva al reverso una historia cargada de incógnitas. Por eso hay que mirarlas bien, con detalle, para captar toda su inquietante esencia.

Hace años llegué a una de las pocas conclusiones firmes que tengo en esto del periodismo y la comunicación: para estos menesteres no hay otro como Pablo, capaz de serpentear rápidamente por zonas vedadas al resto, con agallas de sobra para sumergirse en las favelas que cuelgan como costras por los cerros que rodean las grandes urbes latinoamericanas y sin complejos ante nada ni nadie en su sagrado objetivo de encontrar la verdad.

Sé de las muchas penurias que ha pasado en sus viajes tras la huella de lo imposible. Sé que ha sido atracado, amenazado, perseguido… Sé incluso que, sin alardes ni fantasmadas al uso, se ha jugado la vida solo por tomar un carro, un autobús o el siguiente camino embarrado hasta donde le conducía la última pista.

Y es que ser reportero de estas «otras realidades» en algunos lugares del planeta no es un juego de niños. Lo sabemos bien quienes hemos rondado aferrados a nuestra cámara por ciertas latitudes. Ahí el peligro no es un recurso de opereta. Y lo sabes. Pero también sabes lo que disfrutarán los lectores con la nueva aventura, con el último salto más difícil todavía. Como se estremecerán al contemplar en estas hojas las imágenes, ya sepias, de los enigmas que Pablo —quién si no— encontró al final de todas las selvas perdidas.

Sí; definitivamente este libro es un compendio de misterios brutales, de enigmas que destilan sangre y es también el resultado de todos los kilómetros, sudores y lágrimas que se han vertido en el empeño.

Esto que tienen entre las manos es un auténtico manual del «periodista del misterio», esa inusual vocación por la que tanto me preguntan, la mayoría de las veces buscando un consejo con el que empezar. La mayoría de las veces, sinceramente, no sé qué contestar ante tan extraño deseo. Me quedo pensativo, y algunas veces más lúcidas respondo con palabras como fe, ilusión, búsqueda...

A partir de ahora lo tengo mucho más fácil y menos abstracto, pues para empezar a aprender lo que significa ser buscador de estas cosas hay que leer este libro en su sentido más profundo.

Sí, el que tienes ahora abierto. El de mi amigo Pablo, el último aventurero.

IKER JIMÉNEZ

Introducción

Ovnis: ¿peligro a la vista?

EL LECTOR tiene en sus manos el resultado de varios años de investigación constante, paciente y a veces arriesgada en relación con el fenómeno más fascinante de los últimos tiempos: los OVNIS —objetos voladores no identificados—. Este libro representa el esfuerzo de descubrir «la verdad», un término difícil debido a la complejidad del fenómeno. En sus páginas el lector encontrará el misterio y la aventura, y la veracidad de muchos datos. Podrá leer algunos casos clásicos que pude reinvestigar, es decir, mencionados en muchos libros y enciclopedias.

Para realizar este trabajo acudí personalmente a los lugares de los hechos y entrevisté a sus protagonistas y a otras personas de su entorno. Es decir, pude recabar datos *in situ* y de primera mano.

De esta manera descubrí nuevos elementos, a veces aún más insólitos, pero no menos importantes y, por supuesto, inquietantes. Aunque algunos investigadores digan que el tiempo se encarga de borrar de la memoria de las personas muchos detalles de sus historias y recuerdos, la verdad es que el tiempo también es sabio y nos permite recapacitar o decir cosas que no nos atreveríamos en el pasado.

No se trata de que creas o no en los extraterrestres o alienígenas, solamente que lean con atención lo que ha sucedido para que se pueda reflexionar al respecto. A veces me preguntan: «¿Cree usted en todo lo que ha oído o visto?» Yo contesto: «Yo soy un periodista; recabo información y contrasto datos; entrevisto a testigos y luego expongo la información. Si son extraterrestres o no los que actúan, no lo sé. Lo único que puedo afirmar es que algo raro pasa ahí afuera y que influye sobre los seres humanos».

Sucesivos viajes a la selva amazónica, a las sabanas y las costas de Suramérica me robaron el escepticismo total: hay muchas más cosas que no podemos explicar que las que podamos conocer. La aparición de extraños objetos voladores que aterrorizan o incluso matan a seres humanos es una realidad: que lo digan los infelices familiares de las víctimas o aquellos que han podido sobrevivir a los ataques. Sí, querido lector, no estamos hablando de quimeras, de gente fantasiosa o de alucinaciones colectivas; estamos tratando con la pura y dura realidad, muy material.

Marcos Silva, un gran ufólogo y ser humano.

Esta aventura de ponerme cara a cara con la realidad del fenómeno ovni obedeció, desde el principio, a una desconfianza ante todo aquello que la CIA y otros órganos de inteligencia de varios países nos ofrecían sobre los ovnis. Lo mejor —aconsejo— es sospechar, no admitir lo primero que te digan.

Desde que me dediqué a estudiar y a investigar el fenómeno ovni —a partir de 1976— revisé un sinnúmero de veces los conceptos que había aprendido sobre su existencia. Extraterrestres, viajeros del tiempo, alucinaciones, experimentos científicos de las grandes potencias, etc. Al mismo tiempo me enriquecía con otros conceptos tomados de varios campos del conocimiento humano.

Me percaté que estudiar a los ovnis era más que un simple ejercicio o diversión de fin de semana o de ratos libres. El fenómeno me ponía cara a cara con el desafío de la vida misma, de conocer la física, la psicología humana o la biología, por ejemplo.

Mientras me reunía con mis amigos de escuela en un cuartito al fondo de mi casa, en el barrio de Vila Guilherme —en São Paulo, Brasil— en 1977, para discutir astronomía y ufología, nada sabíamos respecto a lo que sucedía por aquellas mismas fechas en la lejana y remota región amazónica. Eran tiempos de dictadura militar. La represión y la censura determinaban lo que debía o no ser publicado, lo que debía ser más o menos divulgado.

Del sur del país no nos llegaron, en aquel momento, las informaciones a las que solo años más tarde podríamos leer con más detalle. Se trataba de los casos de los «chupa-chupa», o luces asesinas, algo que aparentemente nada tiene que ver con el famoso chupacabras. En medio de la selva amazónica brasileña extraños objetos voladores sobrevolaban las chozas de los campesinos y pescadores. De pronto, disparaban un haz de luz que golpeaba el pecho u hombros de las víctimas.

Como consecuencia sufrían quemaduras, mareos, dolores de cabeza y vómitos. Algunos, menos afortunados, murieron tras los ataques de aquellas luces asesinas. ¿Qué pasaba en la densa jungla? ¿Por qué sucedía aquello? ¿Quiénes eran los agresores? Eran preguntas que me planteé y decidí, a mediados de los años noventa, investigar *in situ* las causas de estos tremendos ataques como podrá verificar el lector en las páginas de este libro.

El asunto estuvo rodeado de mucho misterio y apenas trascendió. Brasil es enorme; la amazonia, desconocida, y unas cuantas muertes y personas heridas se diluyen en las páginas de los periódicos o en los noticiarios que, cada día, nos comunican las muertes provocadas por otros motivos aparentemente más frecuentes, como son los accidentes automovilísticos o la violencia urbana de bandidos y atracadores.

Aún hoy sigo preguntándome: «¿Son los ovnis una amenaza para la humanidad?» No os puedo contestar con un tajante «no» o «sí», pues para mí entre el negro y el blanco hay muchos matices de gris. ¿Estaban los norteamericanos ensayando nuevas armas en la selva amazónica? Y, si así lo hicieron, ¿por

Portada de Contactos extraterrestres:
Ovnis: ¿peligro de muerte?
Derecha: *Ejemplar de* Año Cero, *número 74, sobre ovnis agresivos.*

LAS LUCES DE LA MUERTE

Enigmas, *número 10:
¿Ha comenzado la invasión?*

Más Allá, *número 91:
¿Hostiles?*

*Cartel del
I Congreso de Ufología
de Chihuahua
(México), en 2003.*

qué no han empleado tales armas en otros lugares del mundo, o incluso en las guerras?

Los objetos vistos por cientos de personas eran de una tecnología muy avanzada. Sus velocidades extrapolaban a la de los supersónicos y evolucionaban en el cielo en contra de las leyes de la física. Su comportamiento hacia los nativos era visiblemente intencionado y agresivo. No obstante, hubo varios incidentes ocurridos en otras regiones de Brasil y del mundo donde no queda muy claro si los trastornos físicos y psicológicos padecidos por los testigos se debían a una acción premeditada o no de los ovnis.

Tampoco sé hasta qué punto el fenómeno ovni influyó sobre el suicidio del joven Adelino Roque y de su amante, Cleusa, en Goiás, o en los dos amigos que subieron el cerro del Vintém en Niteroi (Río de Janeiro), para nunca más volver...

Otros no pidieron cita previa con extraterrestres, a ejemplo de las víctimas del Vintém, sino que fueron atacados inesperadamente. Fue lo que le ocurrió al malogrado João Prestes Filho en aquel lejano año de 1947 en Araçariguama. Su fatal desenlace duró varias horas de terrible sufrimiento. Tampoco se lo esperaba José Correia, de veintinueve años, cuando dormía tranquilamente a bordo de una embarcación en la misteriosa isla de los Cangrejos. Cuando sus compañeros se despertaron, él ya estaba sin vida, quemado. ¿Quién o qué quemó mortalmente a José?

Aparte de las víctimas mortales, se suman aquellas aquejadas por una serie de dolencias que surgieron tras haber tenido algún tipo de contacto más o menos cercano con un objeto volador no identificado o sus ocupantes: dolores de cabeza, jaquecas, náuseas, vómitos, alteraciones psicológicas o enfermedades de la piel, son algunos de los síntomas más comunes. Algunas víctimas los arrastran de por vida y, tal vez, acorten drásticamente el tiempo de su existencia como veremos a lo largo de este libro.

Todavía recuerdo la expresión de miedo reflejada en el rostro de los campesinos amazónicos cuando se referían a las extrañas luces nocturnas que los perseguían en medio de la selva. Creían que les chuparían la sangre, que los consumirían sus fuerzas o que los matarían o los dejarían postrados durante días, meses o años. Eran luces vampiras, o por lo menos así pensaba aquella pobre gente. Y no lo decían en broma.

Todo lo que puedo decir es que los ovnis agresivos realmente existen, sea cual fuere su origen. ¿A qué vienen? ¿A robarnos nuestras vidas? ¿Para qué? La doctora Wellaide Cecín Carvalho afirmaba seriamente que eran «ladrones de energía». Los análisis de sangre que realizó en docenas de campesinos atacados en el Estado brasileño de Pará mostraban, muy claramente, que la tasa de glóbulos rojos de las víctimas de los «aparatos» voladores y de sus haces luminosos era más baja de lo normal. ¿Qué pensar de esto? Quizás el efecto de alguna radiación sobre el cuerpo humano, sobre su metabolismo.

Durante el I Congreso Internacional de Ufología de Chihuahua (México, 2003, organizado por Gilberto Rivera) encontré al veterano ufólogo cubano Virgilio Sánchez Ocejo que había estudiado varios casos de agresiones del enigmático chupacabras en Chile y en Estados Unidos. Sus investigaciones le mostraron una faceta agresiva de un fenómeno que, aparentemente, parece asociado al fenómeno ovni. Pero ¿qué demonios hacen tales criaturas matando y chupando sangre de animales? ¿Habrán atacado a seres humanos y aún no lo sabemos? En Guatemala parece que sí...

Ofrezco estas páginas llenas de misterio —de absurdo y locura para muchos— para que cada uno juzgue por sí mismo estas extrañas situaciones. Lo que pude hacer como periodista —y como curioso empedernido— es rastrear los archivos ufológicos, además de recorrer y «empaparme» de algunos lugares donde se respiraba un aire diferente, donde se encontraba la huella indefectible de «ellos», los que dejaron un rastro de sangre o de miedo que algunos no podrán olvidar jamás.

PABLO VILLARRUBIA MAUSO
Una noche de otoño del 2003, en Madrid.

Capítulo 1

João Prestes: muerte lenta y atroz en Araçariguama en 1946

LA RESPUESTA para uno de los más desconcertantes y pavorosos casos de la historia mundial de la ufología empezó en un pequeño y apestoso hotel, el Minas Gerais, donde el historiador y ufólogo Claudio Tsuyoshi Suenaga y yo nos habíamos hospedado para investigar varios ataques de supuestos chupacabras que actuaban en aquella región. Estábamos en el pueblo de São Roque, a 47 kilómetros de la ciudad de São Paulo (Brasil), cuando mi compañero de habitación me alertó, en medio del silencio de la noche, sobre el hallazgo de una página de un periódico que había recogido en el interior de un mugriento cuarto de baño.

Entre el éxtasis y la emoción, atropellando las palabras, el joven nipobrasileño me leyó el contenido de dicho periódico del 12 de abril de 1997: «Falleció el 6 de abril, en su residencia, en esta ciudad, el estimado señor Roque Prestes [...] con noventa y un años de edad [...] era hermano de João Prestes (fallecido) [...]» Para nuestro asombro, habíamos topado con la pista de los parientes de João Prestes Filho, el hombre que el 4 de marzo de 1946 murió de una forma totalmente atroz: tras ser atacado por una extraña luz, sus carnes empezaron a desgajarse a trozos de los huesos, especialmente de la mandíbula, pecho, manos, dedos, piernas y pies hasta consumir su vida en pocas horas. Algunos pedazos de carne quedaron colgando de los tendones ante el espanto de los testigos e impotencia de la víctima.

El hotel Minas Gerais fue testigo de nuestro insomnio e intranquilidad hasta el amanecer, cuando contactamos vía telefónica con el hijo del fallecido Roque Prestes. En cuestión de minutos, y a paso acelerado, llegábamos a la sencilla residencia del sexagenario Luis Prestes, en la periferia de São Roque. Luis aún estaba enlutado por el reciente fallecimiento de su padre, Roque, un ex soldado de la revolución constitucionalista de 1932.

—Hasta hace poco tiempo, antes de morir, mi padre recordaba el trágico fin de su hermano en aquel lejano año de 1946. Yo era pequeño, tenía unos nueve años, pero me acuerdo perfectamente lo que le pasó a mi tío João. Era semana de carnaval y João, que odiaba tales festividades, decidió irse de pesca montado en su carroza. Él vivia en Araçariguama, un pueblecito cercano a tan solo siete kilómetros de São Roque y, a la sazón, un lugar muy aislado y tranquilo. Mi tía se fue a las fiestas junto con los hijos y le dejó hecha la cena en su casa —nos reconstruía los hechos Luis Prestes ante nuestras miradas atentas.

»Yo estaba en Araçariguama cuando me dijeron que mi tío estaba moribundo en casa de un pariente. Quise entrar, pero no me dejaron, pues era muy niño y me podía impresionar por el estado físico de João. Mi padre sí que habló con él y le contó que al volver a casa abrió la ventana y algo como un fuego o «antorcha de fuego» entró en el cuarto donde se encontraba. Se cayó al suelo y sintió cómo el cuerpo le ardía. Se enrolló en una manta y vino caminando más de dos kilómetros hasta la villa. Mi padre decía que João solo estaba quemado de la cintura hacia arriba, a excepción de los cabellos. Yo llegué a ver a mi tío moribundo, cuando lo sacaban de la casa para llevárselo en un camión a Santana do Parnaíba, donde existía un hospital. Me acuerdo que estaba envuelto con unas sábanas ennegrecidas, quizá por lo quemado del cuerpo. João murió antes de ingresar en el hospital —nos seguía contando Luis Prestes mientras grabábamos su testimonio.

—Se ha publicado en varios libros, tanto en inglés como en japonés y hasta en ruso, que João Prestes murió de una manera atroz, cayéndosele trozos de su cuerpo, como las orejas o la carne de los brazos. ¿Esto es cierto? —indagué.

—No. Su apariencia, según mi padre que lo acompañó al hospital, era realmente penosa, pero no llegaba a eso. Presentaba quemaduras graves por el cuerpo. La piel, la carne, estaba oscura. No presentaba ninguna lesión corporal —reveló nuestro interlocutor, cambiando parcialmente la historia que se había impreso en los libros y centenares de artículos publicados sobre el caso.

El ataque a João Prestes por la extraña luz, tal como fue mostrado en el boletín Stendek de junio de 1975.

»Mi padre, que era subcomisario de policía de Santana de Parnaíba, solicitó la colaboración de la policía científica para investigar el caso, pero no sé nada sobre los resultados. Lo cierto es que en la habitación donde João se encontraba cuando apareció el fuego nada se quemó. Tampoco tenía enemigos o alguien que le pudiera haber heho aquello. Aun moribundo, dijo repetidas veces que había sido la luz su agresora y que era «cosa de otro mundo» —añadió Prestes.

Un dato nos hizo retomar la realidad con asombro.

—En Araçariguama y en toda la región, en aquellos tiempos, se veían constantemente unas bolas de fuego que decían ser *assombraçoes* (espantos). Algunos creían que procedía de la mina de oro que hoy en día está cerrada. Y sucedían otras cosas raras. Mi fallecido padre nos contaba que hacia 1922 pudo ver, junto con mi abuelo y un tío mío, un *lobisomem* (hombre-lobo) por la noche. Mi tío le arrojó una piedra y le dio en la mano. Al día siguiente, un vecino apareció con la mano enfajada. Otras personas contaban casos semejantes... —seguía contando Luis Prestes. En nuestras mentes se configuraba la idea de que Araçariguama y la región de São Roque podría ser una fantástica «zona ventana» por donde emergían una sorprendente cantidad y variedad de fenómenos anómalos.

La teoría parecía cuadrar con los subsiguientes datos que nos daría nuestro informante.

—A Emiliano Prestes, también tío mío y hermano de João Prestes, le sucedió algo igualmente espeluznante. Algunos meses después de la trágica muerte de su hermano estaba caminando por un bosque de Araçariguama, en Agua Podre, el mismo lugar donde surgió en 1922 el lobisomen y la luz que quemó a João, cuando se le apareció una antorcha de fuego en el aire. Emiliano, espantado, se arrimó a una barranca cuando la cosa se le vino encima. Lo único que pudo hacer fue arrodillarse y rezar por su vida. Nos contó que sintió un intenso calor, pero, por suerte, la antorcha se apartó y desapareció —nos explicaba Luis, añadiendo más misterios a la lista de la región.

Reconstrucción del calvario de João Prestes por el artista Jamil Vilanova, según la versión que existía antes de la investigación de Suenaga y Villarrubia, en la que pedazos de carne se desprendían de su cuerpo.

La «antorcha» o «bola de fuego» también fue vista en varias ocasiones por el padre de Luis durante su juventud, objeto que asustaba a los caballos y caballeros que transitaban por las oscuras noches de Araçariguama para llegar a sus humildes casas campesinas. «Las luces se veían más entre las tres y cuatro de la madrugada, y eran tres o cuatro veces más grandes que la Luna. Las personas sentían el calor de las luces aunque estuvieran lejos. Se distanciaban a velocidades tremendas. Mi padre dejó de ir a las fiestas por la noche a causa de estas luces», recordaba Luis Prestes.

* * *

Antes de terminar la entrevista, satisfechos por los nuevos datos que daban nuevas luces sobre el caso João Prestes, y cuando no pensábamos añadir nada más a las informaciones prestadas, Luis Prestes nos dio una valiosa pista: la existencia de, posiblemente, el último testigo vivo de las postreras horas de vida de João.

—Es un señor casi centenario, pero muy lúcido y fuerte. Vive cerca de mi barrio, en São Roque. Esta es su dirección.

Inmediatamente nos dirigimos hasta la casa de Vergílio Francisco Alves. Cuando llegamos, su hija nos comunicó que el padre estaba trabajando en el huerto enfrente de la casa, cortando con una hoz la maleza. Al cabo de un rato apareció Vergílio que, para nuestra sorpresa, nos mostró su carné de identidad donde daba fe de sus noventa y dos años de existencia con plena salud.

Sentado en el raído sofá de su sencilla casa, Vergílio nos contó que era primo segundo de João Prestes.

—Yo nací y me crié en Araçariguama. Allí empezé a trabajar en la mina de oro de Morro Velho a los quince o dieciséis años. Había un ingeniero inglés que no sabía escribir mi nombre y me llamaba «garoto de ouro» («niño de oro»). Pero os

Vergílio Francisco Alves fue testigo del sufrimiento atroz de Prestes hasta poco antes de su muerte.

Artículo de Villarrubia, para la revista Enigmas, *en el que aparece la presunta tumba en Araçariguama donde yacía Prestes. Al parecer, el cuerpo estuvo en Santana do Parnaíba hasta que fue exhumado y robado.*

cuento lo que sé sobre la horrible muerte de João. Fue en 1946 y era Carnaval. Se fue a pescar cerca de allí, en el río Tietê, montado en su carroza, mientras que la esposa y los hijos se fueron a las festividades. Hacia tiempo seco, no llovía. Cuando regresó puso su caballo en el corral y le dio de comer maíz. Enseguida echó los peces en una cazuela y calentó en el horno a leña el agua para lavarse en una palangana. Cuando se cambió de ropa se le apareció, en un cuarto, una especie de rayo o luz amarilla que iluminó todo. João sintió que su cuerpo ardía y que la barba, aún corta, estaba quemada. Aterrado, y sin poder mover las manos, João levantó el pestiño de la puerta de salida de la casa con los dientes y se lanzó descalzo a la calle, pues nunca usaba calzado, corriendo más de dos kilómetros hasta llegar, a gritos, cerca de la iglesia de Araçariguama, a la casa de su hermana María. Allí se tiró sobre la cama y dijo que estaba quemado. Vino enseguida el comisario de policía, João Malaquías, quien le dijo que no era para culpar a nadie por lo que le había sucedido, pues lo que le había atacado no era «cosa de este mundo». Después empezó a tronar, tronar y cayó una fuerte lluvia...

Esta parte del relato de Vergílio me recordó el caso Varginha, ocurrido en 1997, en Minas Gerais, cuando después de la aparición y supuesta captura de una o más criaturas, supuestamente de origen extraterretre, sucedió un violento aguacero como jamás se había visto en Varginha. En muchos casos «Fortianos» (en homenaje a Charles Fort, investigador de hechos insólitos), suelen ocurrir cambios importantes atmosféricos.

—Entonces, ¿usted vio a João Prestes cuando agonizaba? —le indagó Claudio Suegana a Vergílio Alves.

—Sí. Mi primo, Emiliano Prestes, era mi vecino y me llamó. Cuando llegué a casa de María me encontré a João Malaquías, el comisario, hablando con João, este tumbado en la cama y se le empezaba a trabar la lengua. Su piel, que era blanca, estaba tostada, medio rojiza, como si se hubiera asado. Lo más quemado eran las manos y el rostro. Las manos las tenía retorcidas. Su pelo no se quemó y tampoco sus pies ni las ropas. Solo se quemó de la cintura para arriba. Los pies los tenía desollados por haber venido corriendo y pisado sobre piedras.

—¿En ningún momento usted vio que la carne de João se le cayera a pedazos? —le pregunté.

—No, no. Tenía la piel y la carne quemadas, pero no se le caían. Creo que fue cosa del boitatá, pues este ya le había atacado anteriormente a João... —nos revelaba Vergílio.

Claudio y yo nos mirábamos con estupefacción ante la novedosa información del lúcido nonagenario.

—Cuéntenos esta otra agresión... —le dijimos casi al unísono.

—Cuando João era tropero [conductor de ganado], aún muy joven vivía junto con el padre en Araçariguama. Un cierto día, al atardecer, cuando conducía los burros por un cerro, vio un fuego que cayó del cielo, una bola de fuego. Estaba cerca de una capilla, donde había una cruz, y sintió la bola pasando a su lado, y casi lo golpeó. João me contaba que allí, a veces, se veían diez o doce bolas que surgían en el cielo. Algunas eran rojizas, otras del color de la luna. A veces, cinco o seis caían al suelo y explotaban. La gente llamaba esas luces de boitatá... —seguía contándonos Vergílio.

Abro un paréntisis para explicar que la palabra «boitátá» es de origen indígena y designaba misteriosas luces que solían perseguir y hasta matar a los nativos, según las crónicas coloniales portuguesas y los relatos del padre canario José de Anchieta en el siglo XVI.

El propio Vergílio fue testigo de la aparición de una de tales luces, que surgió por detrás de la montaña donde estaban las minas de oro y cayó en otro cerro, donde también siempre aparecen luces raras: el cerro de Saboão.

—También llamábamos de «mãe do ouro» [«madre del oro»] a esas bolas de fuego. También había el «lagarto de oro», un fuego alargado que se movía en línea recta, despacio, sin hacer ruido.

La misteriosa mina de oro de Morro Velho está hoy por hoy abandonada. Allí, uno de los principales focos de apariciones de luces, vivió el general canadiense George Raston, que fundó la mina en 1926 y fue cerrada a finales de los años treinta.

Mientras comíamos algunos deliciosos plátanos cultivados por Vergílio en su finca, este nos contaba que en Araçariguama se habían visto hombres-lobo, confirmándonos las informaciones facilitadas por Luis Prestes.

—¿Quién se llevó a João al hospital? —le pregunté a Vergílio para retomar y concluir nuestra entrevista sobre el caso.

—Malaquías, el comisario, se lo quería llevar a un hospital de São Paulo, pero la carretera estaba muy mal y se fueron hasta Santana do Parnaíba. Luego se le pidió una explicación a la policía técnica y no pudieron dar una respuesta para el suceso, solo dijeron que no había nada quemado en la casa de João, pues algunos aseguraron que se había quemado con un candil.

* * *

Aún aturdidos por las nuevas informaciones que poseíamos sobre el caso Prestes, nos subimos al único autobús que hace línea entre São Roque y Araçariguama. Desde 1946, cuando era una villa sin luz, agua corriente ni alcantarillas, Araçariguama no había crecido demasiado y todavía abundaban las serpientes venenosas. Es uno de los pueblos más antiguos de la región y tiene unos siete mil habitantes. Fue fundado hace casi trescientos ciencuenta años, donde vivían los «bandeirantes», los conquistadores de las inmensidades territoriales de Brasil.

Según un informe publicado en los años sesenta por el ya fallecido ufólogo Walter Bühler, la policía precintó la casa de João y fue luego derrumbada, pues, aparentemente, sus familiares no tenían valor para volver al hogar, quizá por interpretarlo como una casa maldita.

En Araçariguama nos atendió Fabiana Matías de Oliveira, jefa de prensa del pequeño Ayuntamiento, y nos llevó hasta su tío, Hermes da Fonseca, de casi setenta años, conocedor profundo de la historia y de las gentes de la región. Como muchos brasileños de su edad, seguía trabajando para ganarse la vida haciendo algunas pequeñas reformas en una finca cercana al Ayuntamiento. Hermes se sentó en un tronco y nos empezó a contar su vida, su llegada a Araçariguama en 1945 y que una serpiente de cascabel le había mordido, dejándole una profunda huella en el tobillo, que nos mostró con orgullo.

—Yo conocí a João Prestes. Me acuerdo perfectamente de la fecha de su muerte, el 5 de marzo de 1946. El difunto dejó cinco o seis hijos y la viuda. Yo no llegué a ver su cuerpo, solo unas pocas personas, pero decían que tenía el cuerpo quemado. Más tarde la prensa publicó que su cuerpo se había derretido, se había caído a trozos —nos contó el septuagenario.

—Aquí siempre han ocurrido cosas raras. Un año después de la muerte de João, su hermano, Emiliano Prestes, vio, cerca del cementerio, dos bolas de fuego que subían, se golpeaban entre sí, volvían a subir y repetían la misma acción. De repente las luces empezaron a rodearlo y sintió un calor muy intenso. Se arrodilló y rezó hasta que las luces se fueron. Aún hoy en día, pero con menos intensidad, se ven esas luces aquí cerca, en Ibaté, entre Araçariguama y São Roque. Cuando se

Vista panorámica de las sierras de Araçariguama.

golpean sueltan chispas, pero no se deshacen. Giomar Gouveia, campeón de hípica y dueño de unos establos en Ibaté, vio una luz sobre sus animales que desprendía rayos de luz de color naranja. Eso ocurrió en 1995 —nos contaba Hermes da Fonseca.

Entusiasmado por nuestro interés, Hermes siguió, con impresionante memoria, recordando fechas y otros datos, situación digna de nombramiento como «cronista oficial» de Araçariguama.

—En 1960 un condutor de autobuses, Celso Gomide, venía de São Roque cuando vio una luz roja que le hizo parar el vehículo. La luz se aproximó a la cabina, y Gomide, asustado, se puso a rezar. Los pasajeros se quedaron perplejos ante la insólita luz que los rodeó durante más de veinte minutos.

Y siguió recordando Hermes:

—En 1955 yo trabajaba en la construcción de un teleférico de la fábrica de cemento Santa Rita, para transportar las piedras de una cantera aquí, en Araçariguama. Era el día 24 de agosto de ese año y hacía un calor insoportable, cuando yo y otros trabajadores vimos un objeto muy azul que flotaba en el cielo tan grande como una llanta de un camión, muy alto, de color aluminio, que daba vueltas y desprendía humo, dejando círculos de humo blanquito. Lo vimos a las once y cuarto, y a las doce llegaron cinco o seis aviones de la FAB [Fuerza Aérea Brasileña]. Eran más pequeños que la rueda voladora y, en unos pocos segundos, se largó dejando atrás los aviones militares. Al día siguiente, el periódico *Folha de São Paulo* publicó un artículo donde se comentaba que miles de personas habían visto en Osasco (cerca de Araçariguama) un platillo volador con las mismas características.

A menos de un kilómetro del pueblo está el cementerio. Allí encontramos al enterrador, Nelson Oliveira, de cincuenta y tres años, que nos llevó hasta la tumba donde yacían los restos mortales de João Prestes. Sobre la caja de cemento recubierta por tierra solamente sobraba una tosca cruz y un número de identificación. Por un momento, Claudio y yo sentimos un nudo en la garganta y nos vino a la mente lo que podrían ser

Nelson Oliveira, el enterrador de Araçariguama que vio un ovni en forma de sombrero sobre el cementerio en 1989.

las imágenes de los últimos momentos de sufrimiento de João Prestes. Recompuestos, preguntamos a Nelson —que desde 1976 trabajaba como enterrador— si había visto algo raro en la región.

—Hacia 1989 vi una cosa rara, redonda, volando sobre el cementerio. Era como un sombrero, pero al revés, hacia abajo. Era todo como de aluminio, y destellaba a ratos cuando se movía, en línea recta, despacio pero balanceándose. Iba en dirección a São Paulo —nos contaba el enterrador, mostrándonos su propio sombrero, invertido, para ilustrar el avistamiento.

Según una entrevista personal que hice al ufólogo Antonio Ribera en Barcelona, João Prestes pudo ser quemado por el sistema de propulsión de una nave extraterrestre. «No creo que los alienígenas quisieran herir o matar al campesino. Simplemente no sabían lo que podía pasar si se acercaban demasiado a los seres humanos», me contó Ribera.

Nos sobró tiempo para reflexionar sobre la terrible muerte de João Prestes Filho a bordo de un destartalado autobús que dejaba atrás Araçariguama.

—¿Qué piensas que era la luz que mató a Prestes? —pregunté a Claudio.

—Quizás un relámpago globular o esférico —contestó.

—Péro ¿cómo explicar las otras luces y las criaturas de la región? —insistí.

El historiador enmudeció, se encogió de hombros y lanzó una última mirada sobre la torre de la iglesia de aquel pueblo maldito.

* * *

El caso João Prestes solo pasó a ser conocido internacionalmente a partir de septiembre de 1971, cuando el ufólogo Irineu Silveira anunció la posible conexión entre la muerte del campesino y el fenómeno ovni durante el II Simposio Nacional sobre Vida Extraterrestre que se celebró en São Paulo.

Varios investigadores pusieron manos a la obra y revisaron el caso. Walter Bühler, uno de los más notorios ufólogos de

Brasil, creía que las quemaduras de Prestes se debían a un accidente con un candil. Sin embargo, la mayoría divergía, señalando a Bühler de pertenecer a la línea «angelical» de la ufología, es decir, aquella que predica que los extraterrestres vienen a la Tierra para hacer el bien y no el mal.

Otros, como el decano ufólogo Fernando Grossmann, pudo entrevistar a un testigo directo del caso en 1974, el ex aprendiz de enfermero Aracy Gomide. A partir de las informaciones prestadas por Gomide, Grossmann y el médico Luiz Braga llegaron a la conclusión que las quemaduras de Prestes se asemejaban a «los efectos indirectos de una explosión nuclear. Tal como ocurrió con algunas víctimas de Hiroshima y Nagasaki, la radiación afectó a las células vivas pero no a las muertas, como los tejidos de las ropas y los cabellos». Pero ¿quién tendría en Araçariguama, en 1946, una fuente de emisión de partículas atómicas de potencia controlada y encauzada?

—No es un caso aislado —me comentaba Grossmann en una entrevista que me concedió en São Paulo—. Existen muchos paralelos entre su muerte y aquellas que sucedieron en el Estado de Pará, región amazónica de Brasil, a finales de los años setenta y principios de los ochenta.

El investigador destaca que en el día de la muerte de João Prestes, un funcionario del Ayuntamiento de Araçariguama, Alencar Martins Gonçalves, vio una «bola de fuego» en las cercanías del cementerio.

Las declaraciones de Gomide se hicieron eco internacionalmente y la mayoría de los relatos publicados en libros, revistas y boletines centraban el caso Prestes solamente en este testigo. Muchas de las informaciones prestadas por el ex aprendiz de enfermero no parecen coincidir con las de Luis y Roque Prestes y Vergílio Francisco Alves. Gomide contaba que João, al llegar de la pesquería, saltó por una ventana para entrar en su casa, pues su esposa había cerrado la puerta al salir. En ese momento hubiera visto la luz intensa que le quemó. Gomide, que había trabajado como enfermero en el ejército, fue solicitado para atender a João Prestes, con el que mantuvo

Las dos hojas del certificado de defunción de João Prestes Filho.

una conversación durante su lenta agonía, que duró entre seis y nueve horas.

El enfermero reveló que se desprendían tiras de carne de los brazos de la víctima, exponiendo de esa manera sus huesos y tendones sin que manifestara cualquier atisbo de dolor. Las partes más afectadas fueron el rostro y los brazos, pero sin presentar oscurecimiento, sino descomposición, explicación que no cuadra con las de Luis Prestes y Vergílio, que coinciden en el aspecto tostado o quemado de la piel de la víctima. Por otro lado, todos coinciden en que la camisa, el pantalón y los cabellos de João permanecían intactos.

Claudio Suenaga logró recuperar el certificado de defunción de João Prestes en el Registro Civil y Notario de Santana de Parnaíba. Gomide decía que Prestes había muerto entre las tres y cuatro de la madrugada del día 6 de marzo, cuando real-

Claudio Suenaga, ufólogo e historiador, rescató el certificado de defunción de Prestes. Es autor de una tesis académica sobre ufología.

mente el suceso ocurrió —según el atestado— a las 22 horas del día 4 de marzo, y no el día 5, como hasta ahora se tenía en cuenta. El médico Luiz Caligiuri señaló en el documento la causa de la muerte como «colapso cardiaco, quemaduras generalizadas de primer y segundo grados». La edad de João, hasta entonces divulgada, era de 39 años, pero el documento señala 44 años de edad cuando falleció.

* * *

En un área circunscrita a São Roque, Santana do Parnaíba, Araçariguama y otros pueblos aledaños al noroeste de una de las ciudades más pobladas del planeta (São Paulo, con 18 millones de habitantes) ocurren desde hace muchos años una serie de fenómenos insólitos.

En Santana da Parnaíba, donde murió João Prestes, el boletín *Supysáua* (marzo de 1994), del Grupo Ufológico do Guarujá (encabezado por Edson Boaventura y Jamil Vilanova, uno de los mejores ilustradores de ovnis del mundo), informaba que tres niños habían avistado un ovni luminoso el 4 de enero de 1994. El objeto se acercó al patio de la residencia y estuvo flotando a menos de 15 metros de los testigos. Su color mayoritario era amarillo y poseía luces verdes y rojas centelleantes. Lo curioso es que dentro de la luz amarilla se podía observar una presunta estructura metálica de forma ovalada encimada por una especie de semicírculo a modo de cúpula. Lo que más

SUPYSÁUA

UFOS VISITAM SANTANA DO PARNAÍBA - SP
Por Adriano Richard *

No Km 41 da Rodovia Castelo Branco, está localizada a Fazenda Lila, em Santana do Parnaíba-SP, palco de 3 avistamentos ufológicos.

Os caseiros Osmar Gregório da Silva, 27 anos, junto com sua esposa Jociene Silva Souza, 22 anos, observaram no dia 7 de abril de 1.994, às

21:30 horas, um objeto redondo de aproximadamente 3 metros de diâmetro, ficar flutuando por entre as árvores ao lado de sua residência. Este aparelho não fazia nenhum ruído, tinha "cor de fogo" nas laterais e de vermelho bem escuro ao centro. Possuía várias luzes coloridas ao seu redor que piscavam, ora azuis ora todas vermelhas.

Osmar conta que o céu estava sem nuvens e não havia vento forte. Quando tentou aproximar do objeto para poder ver melhor (apesar de estar a menos de 10 metros do UFO), sua esposa o impediu, dizendo que poderia ser perigoso. Os dois então foram dormir e perceberam que até aproximadamente 24:30h o mesmo ainda se encontrava nas imediações.

Conta Jociene que esta não foi a primeira vez que viu algo deste tipo. Há 2 anos atrás ela estava com a irmã de Osmar, a Sra. Regina e mais outra testemunha, quando uma "bola de fogo" de aproximadamente 1 metro de diâmetro com um "rabo" de quase 7 metros de comprimento, passou próximo à eles numa velocidade incrível.

Em 1.993, na mesma fazenda e a aproximadamente 100 metros da residência do Sr. Osmar, a menina Regiane Barbosa da Silva, 12 anos, estava indo para o quintal de sua casa às 20:00 horas, quando viu um objeto redondo de aproximadamente 5 metros de diâmetro. Aquele objeto da cor prata jo

| JULHO/SETEMBRO 1.994. ANO X - Nº 33 | GUG - GRUPO UFOLÓGICO DE GUARUJÁ CAIXA POSTAL Nº 039 CEP 11.401-970 — GUARUJÁ SP | PÁGINA Nº 05 |

Boletín Supysáua *de julio-septiembre de 1994; presenta los casos de avistamientos de ovnis sobre Santana do Parnaíba; este recoge el de la niña Regiane Barbosa, que fue atacada por un ovni en 1993.*

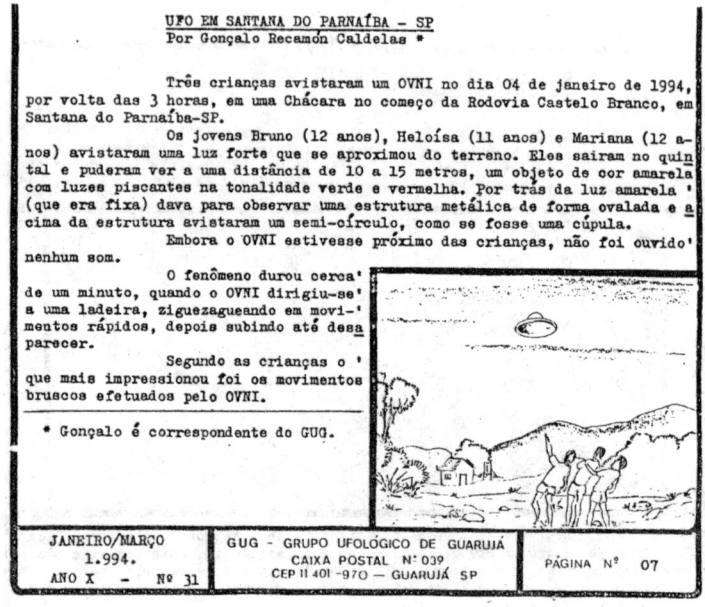

Boletín Supysáua *(enero-febrero), del Grupo Ufológico do Guarujá, muestra un caso de ovni visto por varios chicos en Santana do Parnaíba en 1994.*

sorprendió a los niños fueron los movimientos bruscos y en zigzag que describió el ovni al partir raudo y veloz.

En el mismo año y zona, en el mes de abril, un matrimonio observó en su finca (Lila, en el kilómetro 41 de la carretera Castelo Branco) un objeto esférico de tres metros de diámetro que flotaba entre algunos árboles y que no emitía ningún ruido. Su color era rojizo y el centro era más oscuro. A su alrededor estaban varias luces parpadeantes más pequeñas, alternando el color azul y rojo.

Antes, en 1993, en la misma finca, la niña Regiane Barbosa da Silva, de doce años, vio un objeto esférico de unos cinco metros de diámetro de color plateado. El ovni, de pronto, le disparó un haz de luz amarilla que cubrió su cuerpo e iluminó todo el terreno. Tras lo sucedido, Regiane presentó síntomas como dolor de cabeza y una irritación en los ojos. Tres meses después otro testigo vio el mismo objeto en el mismo sitio. Los celadores de la hacienda Lila afirmaron haber visto dos humanoides flotando sobre un riachuelo dentro de la finca.

Una anciana japonesa, que residió durante su juventud en Santana do Parnaíba, comentó a Suenaga que había visto a una criatura mixta de hombre-lobo y centauro en las inmediaciones del Sítio do Morro. A finales de 1996 y principios de 1997 en São Roque se vivió una de las más intensas oleadas de ataques de chupacabras de toda Suramérica.

Capítulo 2

Muerte misteriosa en la isla de los Cangrejos

LA MAÑANA era calurosa y húmeda en São Luís, capital del Estado de Maranhão, una zona limítrofe con la Amazonia al norte de Brasil. A escasos kilómetros del centro, en el muelle de Itaqui, intentaba localizar algún pescador o barquero que pudiera llevarme a la misteriosa isla de los Cangrejos

—No, de modo alguno. Aunque usted pague muy bien por el viaje. Nadie desea dejar sus huesos allí —me dijo un mulato fornido que mordía la punta de un cigarrillo de paja de forma displicente.

—¿Y por qué no? —insistí.

—Creo que usted no sabe que la isla de los Cangrejos es un lugar encantado, allí existen cosas del más allá. Mucha gente ha muerto y no se sabe exactamente la causa. Usted puede preguntar por aquí en el puerto, pero nadie le llevará.

Y el marinero tenía razón. Pese a mi obstinación, nadie quiso llevarme. Y yo sabía el porqué, pero preferí callarme.

En la madrugada del día 26 de abril de 1977 algo verdaderamente insólito y pavoroso ocurrió en la isla. Dos hombres se despertaron dentro de una embarcación de madera con varias quemaduras en el cuerpo, y un tercero, José Correia, estaba muerto. Ninguno de los supervivientes, incluso un hombre que escapó ileso, fueron capaces de recordar qué había causado aquella tragedia.

En aquel entonces se barajó la hipótesis de que José Correia, de veintinueve años de edad, hubiera fallecido atacado por un platillo volador, puesto que no solo en la isla, sino también en casi toda la llamada Baixada Maranhense, una zona llena de pantanos y manglares cercana a la costa atlántica, había una intensa oleada de apariciones de ovnis. En ese mismo año varias personas habían sufrido quemaduras y otras habían fallecido en el Estado vecino de Pará, en plena región amazónica. Estos ataques fueron achacados a los ovnis. Conocidos como «chupa-chupa», los casos fueron investigados por el Ejército del Aire brasileño, y hasta hoy no se ha dado a conocer ninguna explicación oficial.

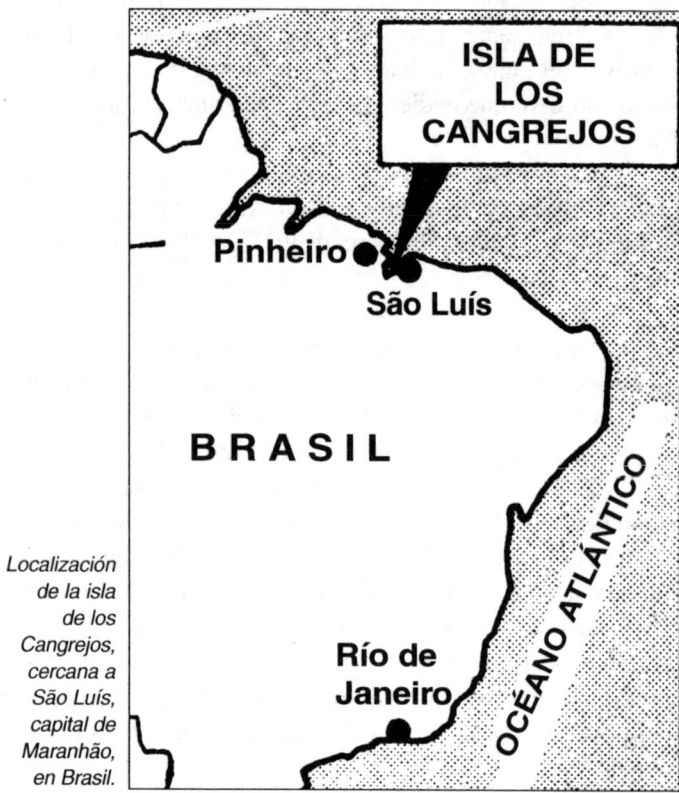

Localización de la isla de los Cangrejos, cercana a São Luís, capital de Maranhão, en Brasil.

De regreso a São Luís, busqué más datos que pudieran aclarar el misterio. En la biblioteca municipal —situada en una plaza repleta de vendedores ambulantes— me dediqué a desempolvar antiguos ejemplares de periódicos de la capital. Antes había intentado localizar a los médicos que examinaron los cuerpos de las víctimas, pero o ya habían fallecido o no se tenía noticias de ellos en el Consejo Regional de Medicina.

El primer titular que encontré decía: «Misterioso suceso en la isla de los Cangrejos». El artículo, publicado por el *Jornal Pequeno* el 29 de abril de 1977, mostraba la foto de los tres supervivientes de la tragedia. El comisario de policía, José Argolo, era informado por Apolinario Correia, el único que escapó sin heridas o quemaduras, que su hermano José estaba muerto, pero sin marcas en el cuerpo, y que su otro hermano, Firmino, se hallaba en estado de coma.

Aureliano, el cuñado de los hermanos Correia, apenas articulaba palabra y, además de quemado, se encontraba muy debilitado. En el barco de madera el comisario no encontró ningún vestigio de pelea o de objetos quemados.

Apolinario Correia pilotó heroicamente el barco *María Rosa*, de 15 metros de eslora, con una sola vela y 15 toneladas de peso hasta el muelle de Itaqui.

El otro titular, «Supervivientes de la isla de los Cargrejos están incomunicados», publicado por *O Estado do Maranhao*, de 1 de mayo de ese mismo año, decía que los médicos del hospital municipal de São Luís prohibieron la entrada a los extraños que querían ver y hablar con Aureliano y Firmino, este último aún en coma.

Asimismo, contaba que el delegado José Argolo no había encontrado policías voluntarios para llevar a cabo investigaciones en la isla, a excepción del escribano Moacy Barros. Todos tenían miedo de ir a un lugar considerado maldito. En el mismo diario, pero con fecha del 4 de mayo presentaba un hecho anecdótico: otro delegado, Marcelino Ewerton, de la Tercera comisaría de la capital, se había comprometido a ayudar a su colega Argolo en una expedición hasta la isla.

Ewerton declaraba: «Amén de balas normales, llevaré una cartuchera con cartuchos debidamente preparados con paja de ajo que, según los más antiguos, tiene el poder de apartar las cosas del Anticristo», como si la fuerza desconocida que atacó a los marineros fuera el mismísimo hombre-lobo. Lo cierto es que ningún policía fue a la isla de los Cangrejos.

* * *

Al día siguiente volví a la biblioteca municipal y me encontré con otra noticia: Firmino Correia había recuperado la consciencia, tras ocho días en el hospital de la Cruz Roja. La víctima no sabía que su hermano José había muerto y no se acordaba de nada de lo que sucedió aquella madrugada.

El ya fallecido doctor Carneio Belfort visitó al enfermo y escuchó a Firmino murmurar, en pleno delirio, haber visto «un fuego pasando fuera del barco». Pero el hecho no pudo ser verificado en la hipnosis regresiva que se realizó con esta y las otras víctimas.

Un policía técnico, Jucilmo Salazar, opinó que la causa de la muerte de José se debía a una «descarga eléctrica procedente de un fenómeno natural», semejante a una «bola de fuego deambulando en el espacio». Salazar no pudo explicar por qué tal fenómeno no quemó la cortina que tapaba la entrada de la sentina del barco donde dormían José, Firmino y Aureliano; y

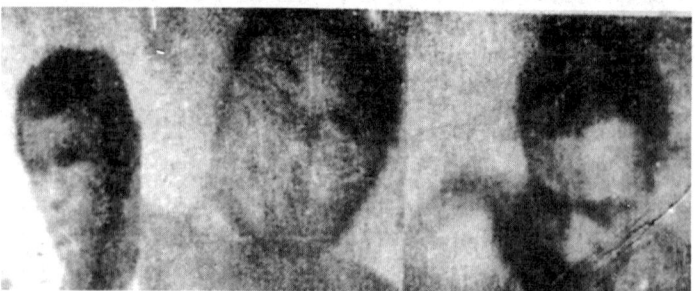

Apolinario, Firmino (en coma) y Aureliano, en una foto de un periódico de São Luís: heridas y traumas de por vida.

tampoco aclaró por qué la «descarga eléctrica» no quemó las bermudas de Aureliano, puesto que poseía una amplia quemadura en su nalga derecha.

Hojeando el diario *O Estado do Maranhão* descubrí una noticia que me dejó perplejo, pues no aparecía en ninguno de los libros o informes relacionados con el caso de la isla de los Cangrejos. El titular rezaba así: «Chispa cósmica causa la muerte de un pescador», del día 7 de junio de 1977. Al principio pensé que se trataba del caso de los hermanos Correia, pero en realidad hablaba de la muerte de otra persona, un pescador llamado José Pinheiro que vivía cerca de Estiva, también en la Baixada Maranhense.

Junto con otro amigo, Pinheiro se fue a pescar a bordo de un barco el día 3 de junio y fue lanzado al mar por una «chispa cósmica» *(sic)* y allí murió. Un cadáver en avanzado estado de putrefacción fue encontrado en las aguas de la bahía de Ribamar el día 6 de junio. No se pudo confirmar su identidad y nada más se supo sobre este misterioso caso.

Más tarde conocí un caso ocurrido en Minas Gerais, a través del ufólogo Húlvio Brant Aleix. Se trataba de una mujer que vivía en un pueblo y que un día despertó con un brazo quemado sin saber cómo había sucedido aquello. Días antes, los vecinos vieron bolas de fuego sobrevolando la región.

* * *

La isla de los Cangrejos está situada en la bahía de São Marcos, a 75 kilómetros al sur de São Luís. Rodeada de manglares, su centro está ocupado por extensos campos y lagunas donde sólo habitan animales salvajes, como el jaguar y enormes serpientes. Pero quizá lo peor de todo sean los fieros mosquitos y las tenazas de millones de cangrejos gigantes que allí habitan.

La isla es relativamente grande, posee cerca de 22 kilómetros de longitud y su anchura varía entre los 11 y los 16 kilómetros. Según los moradores del pueblo de Penalva —cercano a la isla— a quienes entrevisté, los pocos pescadores y madereros que allí se atreven a navegar escuchan, por las noches, cantos religiosos, con salmos de lamentaciones, como si fueran las voces de fantasmas que retumban dentro de las selvas de la isla.

Ya casi sin esperanzas de encontrar supervivientes del caso y otras personas directamente involucradas en las investigaciones policiales, casi cejé en el empeño. Dos días antes de marcharme de São Luís logré localizar a tres traductoras de inglés que habían trabajado para el periodista y ufólogo estadounidense Bob Pratt (entonces del *National Enquirer*) y que entrevistaron a las víctimas.

São Luís: la vieja ciudad colonial está cercana a una de las regiones más activas en cuanto a ovnis de todo el planeta.

Isla de los Cangrejos: lugar maldito, según los pescadores.

Me entrevisté en el hotel con Ana Tereza Brito, Mónica Carneiro y Ángela Hadad, quienes de forma desinteresada y con simpatía me aportaron valiosas informaciones y pistas.

—En noviembre de 1978 Bob Prat vino a São Luís para investigar el caso. Fuimos hasta el muelle de Itaqui, donde estaba el barco *María Rosa* y no vimos ningún vestigio de fuego dentro o fuera. Nosotros entrevistamos a los supervivientes, —me comentó Mónica Carneiro.

—¿Cómo eran las quemaduras de Firmino Correia? —le pregunté.

—Tenía varias quemaduras de segundo grado, muy graves, en el lado izquierdo del tórax y en la parte interna del brazo izquierdo, que estaba todo lleno de edemas. También presentaba una quemadura de tres centímetros de diámetro y un moratón en la frente. Cuando salió del estado de coma, sus brazos estaban sin fuerza y su mano izquierda paralizada. Esta secuela en la mano se le quedó para siempre. Con el tiempo fue debilitándose, creemos que debido a lo que le pasó.

—¿Cómo estaba el cuerpo de José Correia, el fallecido?

Reconstrucción del presunto ataque de un ovni al barco María Rosa. (Dibujo de Jamil Vilanova.)

—No poseía señales visibles de quemaduras o de agresiones, y el cuerpo estaba semirrígido. Según los médicos, el «rigor mortis» ocurre tres o cuatro horas después de la muerte. Cuando Apolinario encontró el cuerpo del hermano ya llevaba muerto, como mínimo, tres horas.

—¿Hizo el forense una autopsia del cadáver?

—No. La «causa mortis», según los documentos del Instituto Médico Legal, fue un accidente vascular cerebral causado por hipertensión arterial como consecuencia de un choque emocional. Pero los médicos no dijeron qué pudo provocarlo. Se especuló que fuera una «chispa cósmica», pero de eso no quedó nada definido. Además, fuimos al aeropuerto de São Luís y allí verificamos con el servicio meteorológico que no hubo mal tiempo por aquellos días.

—El director del departamento, Natalino Filho, dijo que un rayo podría caer al agua y pasar por el barco, pues el agua es buena conductora de electricidad. Sin embargo, si esto hubiese ocurrido, Apolinario, que estaba en la cubierta durmiendo, también debería haber muerto o, como mínimo, haberse quemado... —puntualizó Ángela Hadad.

—¿Y qué iban a buscar en la isla? —pregunté.

—Iban a talar árboles para construir casas palafíticas. Sobre la medianoche debían empezar los preparativos para levar ancla y salir un poco más tarde con la subida de la marea. Pero eso nunca ocurrió, porque Apolinario, el único que dormía fuera, sobre la cubierta, cuando se despertó eran ya las cinco de la mañana, con los primeros rayos de sol. José dormía en una hamaca, en la entrada de la sentina, cubierta esta por una cortina para evitar la entrada de los mosquitos, junto con Aureliano y Firmino —me relató Ángela Hadad.

Lo curioso —pensé para mis adentros— es que José no tenía ningún rasguño y, según la hipótesis del rayo esférico, este tendría que pasar por la cortina y quemar primero a José. Esto no ocurrió.

El examen médico realizado en Aureliano detallaba que este presentaba varias quemaduras de segundo grado con bordes ennegrecidos. Una de ellas medía 14 centímetros de largo por dos de ancho sobre el hombro derecho y otra de 17 centímetros cubría el hombro izquierdo. Una tercera quemadura de

Artículo de Villarrubia en la revista Enigmas, donde se presentaban las nuevas investigaciones sobre el caso de la isla de los Cangrejos.

segundo grado marcaba la nalga derecha. Nadie supo explicar por qué la bermuda no se había quemado.

—¿Qué pasó aquella noche? —volví a preguntar.

—Apolinario durmió sobre la cubierta, al aire libre, mientras que José, Aureliano y Firmino se fueron al sótano. Debían despertar a la medianoche. Cuando Apolinario abrió los ojos eran las cinco de la madrugada y ya estaba amaneciendo. Escuchó primero los gemidos de Aureliano que, sin que él mismo lo supiera, apareció tumbado en la cubierta y sin sensibilidad en los brazos y piernas.

Durante la conversación-entrevista, Ana Tereza buscó en una guía telefónica el nombre de Pedro Correia, el único de los hermanos Correia que poseía teléfono.

—Creo que estás de suerte —me dijo—, pues a través de Pedro podremos encontrar a Apolinario y así podrás entrevistarlo.

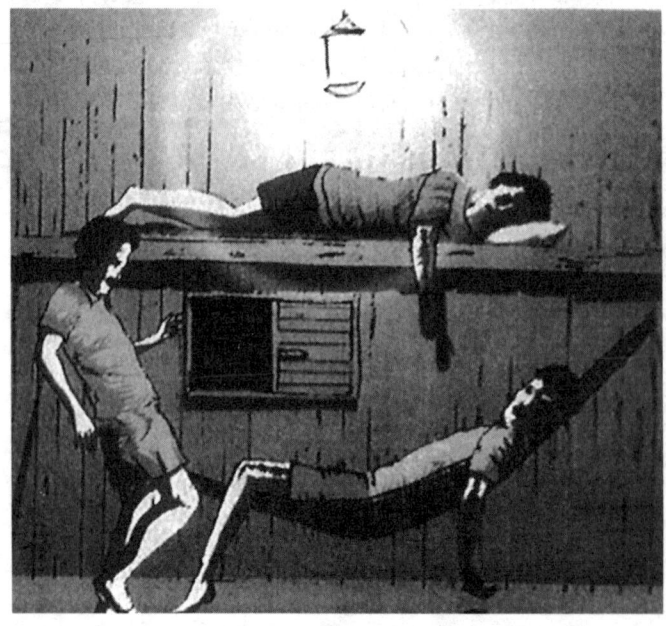

Reconstrucción de la situación a bordo del barco María Rosa: *un ocupante muerto y los otros heridos.* (Dibujo de Jamil Vilanova.)

Sin más tardanzas, Tereza llamó a Pedro y quedamos en vernos aquella misma noche para concretar cómo localizaríamos a Apolinario. Este vivía fuera de la ciudad, en un barrio muy pobre. La intérprete puso a su hijita dormida en el asiento de atrás de su automóvil y nos dirigimos hasta la casa de Pedro, en medio de una peligrosa favela (núcleo o barrio de casas miserables) de São Luís. Allí acordé recoger, al día siguiente, a la esposa de Pedro, Nazareth, para que me acompañara hasta la casa de Apolinario, perdida en un laberíntico arrabal cuyas calles no tenían nombre ni números.

* * *

Al día siguiente contraté a un taxista para llevarnos, a Nazareth y a mí, hasta el testigo.

—¡Pobre Apolinario! —exclamaba la mujer—. Después de aquello se quedó con una pierna tiesa, y en uno de los brazos ya no tiene fuerza. Para mayor desgracia, de los cien dólares que gana mensualmente dedica la mitad a comprar medicamentos para un hijo de nueve años discapacitado mental.

—Y Firmino, ¿cómo está de salud?

—Hace tiempo que no tenemos noticias de él, pero vive en un pueblo del interior. Yo le cuidé durante varios meses después de que saliera del hospital, donde estuvo en coma. Yo lo bañaba, lo ponía a dormir, le limpiaba las heces...; fue horrible, mal podía hablar. Con el tiempo fue mejorando, recuperó los movimientos. Todavía hoy habla como un niño y su voz cambia de un tono agudo al grave y su mano izquierda se quedó torcida. Su esposa se lo llevó y le ayuda en un pequeño comercio.

—¿En qué condiciones estaba Firmino cuando usted le visitó en el hospital? —le pregunté a Nazareth en el taxi.

—Tenía varias ampollas llenas de agua en el brazo izquierdo y le habían arrancado la piel y carne debajo del brazo, en las costillas. Las ampollas se secaron pero hasta hoy tiene las cicatrices. Y el brazo afectado por las quemaduras se quedó reseco.

—¿También le quedaron secuelas a Aureliano?
—Sí, también. Era un hombrón. Trabajaba cargando sacos en el muelle. Enflaqueció a ojos vistos y dejó de trabajar allí.

Cuando llegamos, el taxista tuvo que dejar su vehículo a más de 200 metros de la casa de Apolinario a causa de los socavones que cubrían las calles, pavimentadas únicamente con un denso barro rojo.

En la casa —poco más que un barracón levantado en ladrillo y con el suelo de tierra— nos recibió en el portón un niño cuyos gritos eran estremecedores. Se trataba del hijo enfermo de Apolinario. Luego vino el padre, cojeando, rodeado de otros cuatro chiquillos y, amablemente, nos invitó a entrar en su humilde vivienda.

El superviviente de la isla de los Cangrejos era un sexagenario de tez morena, que solo vestía una bermuda blanca —toda la región es muy calurosa— y se apoyaba en un bastón para caminar. La mano izquierda estaba contraída hacia atrás y parecía paralizada. Nos sentamos para hablar en un salón oscuro y con unas sillas como único mobiliario.

—Ahora tengo sesenta y dos años. Firmino, mi hermano, sesenta y cuatro. Estoy casado en segundas nupcias. De mi primera esposa tengo ocho hijos y con la segunda, seis. Este pequeño, a quien quiero mucho, jamás va a mejorar, según los médicos —nos contaba con pesar su drama personal.

—Cuénteme lo que le pasó en abril de 1977 allí, en la isla de los Cangrejos.

—Aunque supiéramos que la isla estaba encantada, habíamos ido muchísimas veces, siempre para buscar madera para construir palafitos. Aquel día llegamos muy tarde, cortamos los troncos y los dejamos en la cubierta para regresar al día siguiente con la marea alta. Después, José, que era nuestro cocinero, nos preparó algunos cangrejos sobre una barbacoa improvisada. Estuvimos charlando un rato. Yo y mi cuñado Aureliano nos fumamos un cigarrillo cada uno y luego todos nos fuimos a dormir a eso de las ocho. Yo me dormí sobre la cubierta y los demás en la sentina.

—Usted debía despertarse a media noche, pero solo lo hizo al amanecer...

—Sí, es cierto. Yo me extrañé, pues siempre me despierto solo, sin necesidad de despertador. Escuché la voz de Aureliano, que me llamaba en la proa. Me pareció raro, pues no lo había visto salir de la cabina. Estaba muy asustado y decía que no sentía los brazos y las piernas y, como no teníamos ningún medicamento, le froté con una cabeza de ajo. Entonces noté que tenía varias quemaduras.

—¿Qué pasó cuando usted entró en la sentina?

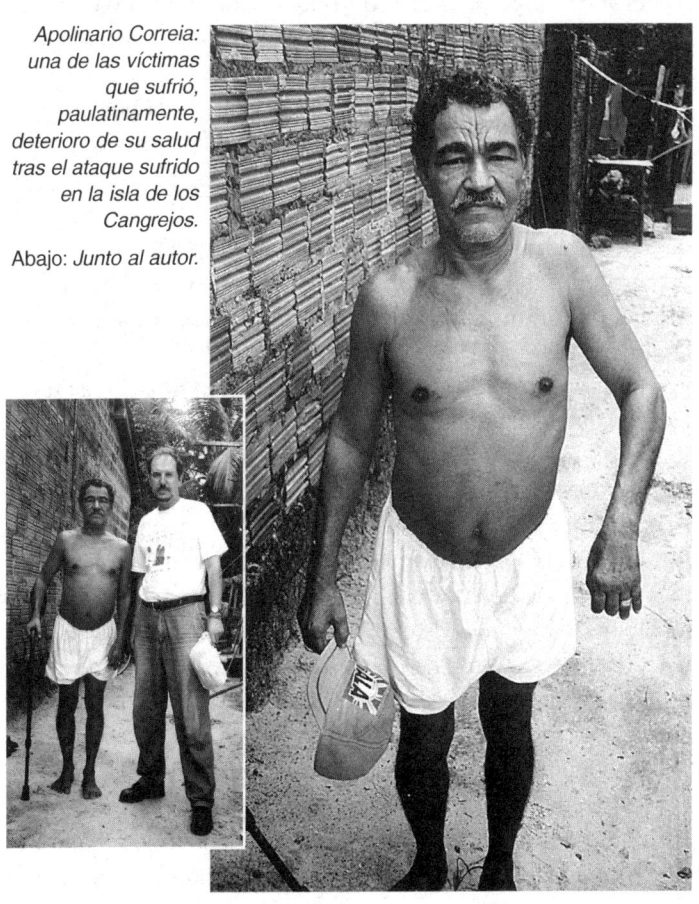

Apolinario Correia: una de las víctimas que sufrió, paulatinamente, deterioro de su salud tras el ataque sufrido en la isla de los Cangrejos.

Abajo: *Junto al autor.*

—Me encontré a José en la hamaca, con una camisa en la cara. Estaba con el cuerpo de color morado y la boca llena de espuma, como cuando se mata a un puerco. Intenté darle agua con azúcar, pero, ¡Dios mío!, estaba muerto.

—¿Y Firmino?

—Estaba tumbado cerca de José y gemía en tono muy bajo. Tenía un trozo de carne arrancado y se le veían las costillas. Era como la carne de puerco en salmuera. Fue horrible. Además, tenía quemaduras muy grandes en el brazo izquierdo. Por un momento me desesperé, pues solo yo tenía condiciones para llevar el barco al puerto de Itaqui para pedir auxilio. Fue muy difícil navegar entre los manglares, pero lo conseguí.

De repente, la conversación fue interrumpida por un grito espeluznante procedente de otro recinto de la casa. Enseguida irrumpió corriendo en el salón el niño discapacitado mental, con los ojos desorbitados y se echó sobre mí, y me agarró sin querer soltarme. No reaccioné hasta que Apolinario, a duras penas, lo disuadió por completo. Sin decir palabra, me limpié los brazos, que estaban repletos de mucosidades de aquella pobre criatura.

Pronto me olvidé de lo sucedido, pues Apolinario me revelaría un dato totalmente inédito, que no aparecía en ningún informe de Pratt y que parecía comprobar que algo verdaderamente sobrenatural ocurrió allí.

—A mí me llamó la atención, antes de levar anclas, que todos los troncos que habíamos cortado no estaban. Igualmente, una lata grande llena de cangrejos. Y en la arena no había huella alguna. Había más de cien troncos de tres metros de largo y unos diez centímetros de diámetro. No puedo explicarme cómo se esfumaron, sin que ninguno de nosotros escucháramos algo.

—¿Qué pasó cuando usted llegó a Itaqui?

—Llegué sobre las seis y media de la tarde del día 26 de abril, un martes. Un taxista me llevó a casa de mi hermano Pedro y mi cuñada Nazareth. Volví al puerto con Pedro y llevamos a Firmino al Pronto Socorro. Dejamos a Aureliano que, a pesar de estar quemado, estaba medio consciente, velando el cuerpo de José. Estuvimos de vuelta a las once de la noche con la policía, y llevamos a Aureliano al hospital.

—¿Usted llegó a ver alguna cosa en aquella trágica noche, alguna luz?

—No, nada. Surgieron unos rumores que todo fue causado por un tal platillo-volador, no sé bien lo que es eso. Dicen que en la isla se oyen voces, gente llorando, pero allí no vive nadie. Yo no he oído nada.

—¿Estuvo usted en el médico últimamente?

—Sí. Me dijo que sufro una enfermedad en la espina dorsal, en el disco, por eso no me puedo sentar. Me quitaron un líquido de la columna. Esta enfermedad surgió hace poco tiempo. Pero cuando ocurrió aquello en la isla, yo me sentí muy flojo durante mucho tiempo. Hasta hoy no puedo mover bien la mano ni la pierna izquierda.

—¿Cómo abordó la policía el caso?

—Doce días después de morir José, un sargento de la policía militar me condujo a un barracón en el muelle de Itaqui, sacó su revólver y me preguntó: «Tú tienes que contarme la verdad. ¡Dime si estabas fumando marihuana!» Yo le dije que ni yo ni mis hermanos y cuñados éramos marihuaneros. Pero él insistió mucho, amenazándome con el arma.

Apolinario me sorprendió con otra noticia que destruye definitivamente la hipótesis de una muerte provocada por la casualidad de un fenómeno natural.

—Mi hermano José no fue el único que murió allí en la isla por algo raro. En 1986 ocurrió otra desgracia, también en un barco en el que estaban tres hombres. Uno, un joven, murió. No sé su nombre, pero era pariente de un amigo mío. Uno de los supervivientes quedó todo quemado.

Notamos que Apolinario se sentía un poco cansado. Con dificultad se levantó, con ayuda del bastón, para caminar. Hicimos algunas fotos juntos, casi siempre rodeados por los niños, que le tenían aprecio.

Dejamos su humilde vivienda. Caminando por las calles embarradas, me sentí doblemente inquieto: Apolinario era un brasileño más en las estadísticas demográficas de la pobreza del país, sin recursos y sobreviviendo a duras penas. Los otros dos supervivientes padecen de algún tipo de trastorno hasta hoy. ¿Qué era esa fuerza desconocida que hizo desaparecer troncos de árboles y latas llenas de cangrejos, que quemó sin que nadie supiera cómo y que mató sin dejar marcas visibles?

* * *

Uno de los aspectos más importantes de la investigación llevada a cabo por Bob Pratt con relación al caso de la isla de los Cangrejos fue la regresión hipnótica que realizó a los tres supervivientes. Según la intérprete Ana Tereza Brito, que participó de las sesiones, Pratt invitó a São Luís a un médico, pa-

El fallecido doctor Silvio Lago, en 1980. A petición de Bob Pratt, llevó a cabo sesiones de hipnosis con los supervivientes de la isla de los Cangrejos.

rapsicólogo y ufólogo de Río de Janeiro, el doctor Silvio Lago, considerado una autoridad mundial, miembro de la American Society for Psychical Research (Nueva York) y de la Society for Psychical Research (Londres).

Según Tereza, Apolinario, Aureliano y Firmino fueron hospedados en un hotel en São Luís entre los días 14 y 17 de diciembre de 1978. Allí, el doctor Lago los entrevistó, primero individualmente y luego dedicó diez horas de sesiones de hipnosis con los tres hombres juntos.

—Aureliano fue quien entró en trance más profundo. Todos podían recordar perfectamente lo que habían hecho hasta el momento de acostarse, pero no se acordaban de nada de lo que sucedió a continuación, hasta el momento en que Apolinario los vio heridos. Era como si les hubieran pasado una goma por la mente y les hubieran borrado el recuerdo de aquellas horas —manifestó la intérprete.

El doctor Lago —con más de cuarenta años de experiencia en hipnosis— dijo que era posible que una emoción fuerte hubiese provocado amnesia en los hombres, pero también planteó la posibilidad de que podrían haber sido preparados hipnóticamente para no acordarse de nada. Pero, en tal caso, ¿quién llevó a cabo dicha preparación?

Capítulo 3

La extraña desaparición de Rivalino Mafra y el muchacho cegado por un ovni en Reunión

SI HAY UNA HISTORIA que me pone los pelos de punta cada vez que la recuerdo esta es, sin duda, la intrigante desaparición de Rivalino Mafra da Silva el 20 de agosto de 1962 en el interior del Estado brasileño de Minas Gerais.

Allí, en una zona rural a 36 kilómetros de la ciudad de Diamantina (entonces con 16.000 habitantes), vivían Rivalino y sus tres hijos en una choza miserable. El mayor, Raimundo Aleluia Mafra, con doce años, ayudaba a criar a sus dos hermanitos, puesto que la madre había fallecido hacía un año. Eran tan pobres que no tenían tan siquiera un reloj.

El domingo 19 de agosto de 1962, Rivalino, Raimundo y los otros dos niños (Fátimo y Dirceu) estaban acostados. Entonces Raimundo, desde su catre, divisó una extraña sombra que se movía dentro de su habitación. La silueta parecía tener cuatro piernas y parecía como un hombre que andaba a cuatro. En su cabeza, Raimundo pareció discernir una especie de «flequillo» o algo saliente que no supo precisar por la oscuridad.

El muchacho, asustado, llamó a su padre, que acudió con una vela en las manos. La sombra parecía flotar en el aire, sin tocar suelo de tierra apisonada. La silueta tenía forma de persona, pero con una altura de no más de un metro.

Raimundo se apercibió cuando la entidad se quedó quieta y parecía mirarlos muy atentamente. Después, se desplazó hasta donde dormían sus hermanos pequeños; luego se retiró del dormitorio y pasó al comedor, para salir al patio sin abrir la puerta. Después se oyó una voz que decía:

—Este parece ser Rivalino.

El padre de Raimundo gritó: «¿Quién anda ahí?» Y al no recibir respuesta, el hombre se levantó de la cama, pasó al comedor y, entonces, volvieron a oírse las voces, preguntando si él era realmente Rivalino.

—Mi padre replicó que sí lo era, pero no obtuvo respuesta. Entonces nos volvimos a la cama y los oímos perfectamente y con toda claridad, diciendo que matarían a papá. Entonces papá se puso a rezar en voz alta, pero las formas de fuera dijeron que rezar no le serviría de nada —contaría el niño Raimundo a la policía días después.

La familia oyó también un ruido semejante a un despertador, pero nadie en casa —y estaban en un lugar aislado, sin otras residencias— poseía este artilugio.

La familia se mantuvo despierta el resto de la noche del domingo al lunes.

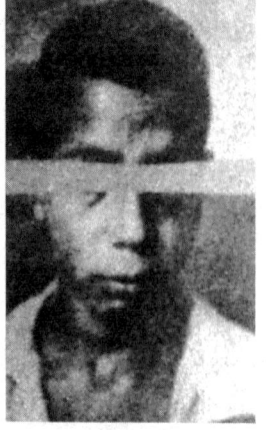

Derecha: *Rivalino Mafra, desaparecido delante de su casa en medio de una nube de arena y polvo.*

Izquierda: *Dibujo realizado por Raimundo Mafra, hijo de Rivalino, de los dos objetos que rodearon a su padre.*

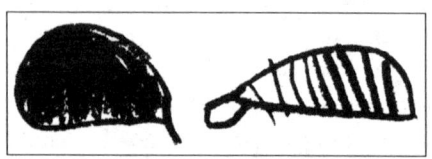

La choza de Rivalino Mafra y el punto (señalado) de su desaparición.

—El 21 por la mañana, un lunes, yo me levanté muy temprano... a las seis. Salí al campo a buscar el caballo de papá, y fue entonces cuando vi a las dos bolas flotando cerca del suelo, a un metro de distancia una de otra. Una era negra, con una especie de pincho o una pequeña cola. El color de la otra era blanco y negro, mezclado, y tenía lo mismo que la otra, o sea, una especie de cola. Ambas emitían extraños ruidos.

Y Raimundo siguió contando a los atentos policías encabezados por el teniente Lisboa:

—Llamé a papá, diciéndole que saliese a ver aquellos extraños objetos. Él salió de la casa, sin dejar de rezar y preguntándome qué era aquello. Se detuvo a unos dos metros de aquellas cosas, y me dijo que no me acercara a ellas. En aquel momento, los dos objetos, que parecían pelotas, se fundieron en uno solo, despidiendo mucho humo y polvo, hasta oscurecer el cielo. Sin alzarse del suelo, pero emitiendo un extraño ruido, aquella cosa se acercó a papá. Este quedó cubierto por la extraña nube de polvo, que era del color del poniente (amarillento) y desapareció en el torbellino que produjeron los objetos. Yo fui tras papá, metiéndome dentro de la nube de polvo, que tenía un extraño olor, pero no pude ver nada. Llamé a mi padre, pero no me respondió. La polvareda se disipó enseguida, como por arte de magia, sin dejar ninguna señal en la dura tierra; parecía como si aquel sitio hubiese sido barrido con una escoba. Di la vuelta a la casa, tratando de encontrar a papá, pero no había ni rastro de él ni del extraño objeto; tampoco vi pisadas. Dios mío, pensé: ¿será esto obra del diablo? Papá se había esfumado en el aire. Fui a ver si lo encontraba en unas cuevas que hay allí cerca, pero sin resultado. He estado vigilando las bandadas de aves que comen carne (el urubu, el buitre brasileño), pero hasta ahora no hay señales de papá. Hace ya seis día que ha desaparecido, y no hay ni una pista. ¿Se llevaron las bolas a papá para matarlo? Quiero que vuelva mi papá —decía inconsolable el niño ante los atónitos hombres de la ley de Diamantina.

Rivalino Mafra nunca más retornó. El párroco de la catedral de Diamantina, José Ávila García, creía que el niño tuvo un sueño y que su padre fuera víctima de unos asesinos.

—Por una extraña coincidencia, durante la semana que precedió a la desaparición del señor Rivalino Mafra, el señor Antonio Rocha me contó algo muy extraño. Me dijo que en el curso de una visita que efectuó al río Manso, sitio cercano a Duas Pontes, había visto unas bolas de fuego que emitían curiosos destellos, y que pasaron volando sobre la casa de Rivalino. En confirmación de estos hechos, Antonio Rocha puso por testigos a otras dos personas, que le acompañaban y a quienes señaló aquellos objetos. Antonio Rocha es una persona totalmente digna de crédito. Quizá él mismo podría ampliar esta información —dijo el cura a la prensa de Minas Gerais.

Los periodistas que entrevistaron a Rocha recibieron la misma información, añadiendo que los extraños objetos volaban en círculo a gran velocidad, y a muy baja altura, sobre la casa de Rivalino Mafra.

Mapa de la región de Diamantina, en Minas Gerais (Brasil).

—No sé nada sobre la desaparición de Rivalino —dijo Rocha—, pero, efectivamente, vi dos extraños objetos en el cielo, sobre Duas Pontes. Por la descripción de los objetos dada por el hijo del desaparecido, tengo la impresión de que eran los mismos que yo vi.

João Madalena de Miranda, trabajador en la fábrica textil Biribiri —a unos ocho kilómetros de lugar del suceso—, fue la primera persona que se presentó en la casa de Rivalino, avisado por Raimundo. Se percató de que en el sitio que le señalaba el niño, una zona de un radio superior a cinco metros, parecía como si alguien hubiese barrido, cuidadosamente, el duro suelo, pues no había en él ni una mota de polvo.

Para otros, como el director de la fábrica textil, Elagmano da Costa, la desaparición misteriosa de Rivalino fue una farsa urdida por el mismo padre de familia para abandonar a sus hijos, una pesada responsabilidad para sus cortos ingresos, dependientes de la explotación del oro de aluvión con su batea en los ríos de la región.

Tanto los periodistas como los policías no encontraron contradicciones en el relato de Raimundo, pese a los muchos interrogatorios a los que fue sometido.

El gran ufólogo Húlvio Brant Aleixo (ex oficial del Ejército del Aire brasileño y psicólogo) entrevistó al niño Raimundo —quizá ya huérfano en aquel momento— en agosto de 1962, en Belo Horizonte. Esto fue lo que él me contó allí mismo, en su casa, en la capital del Estado de Minas Gerais.

—Raimundo Aleluia Mafra era un niño de doce años, analfabeto y tímido. Su historia provocó conmoción en Diamantina. Ayudaba a su padre Rivalino en sus actividades. Cazaban juntos y buscaban oro con las bateas, algo muy difícil por la escasez del metal y las dificultades inherentes a su búsqueda. Además, el niño también se encargaba de cuidar de sus cuatro hermanitos —relataba el antiguo oficial.

El ufólogo y psicólogo Húlvio Brant Aleixo, investigador del caso Rivalino Mafra.

Carta de Húlvio Aleixo enviada al autor del libro aclarando algunos aspectos del caso Rivalino Mafra.

Portada de la desaparecida revista mexicana Duda, *número 469, donde se ilustró el caso Rivalino Mafra.*

—En el lugar de los hechos —recordaba Húlvio ante mi atenta mirada—, en Duas Pontes, estaba la residencia de los Mafra, que era casi una choza, situada en un lugar completamente aislado. Docenas de veces el niño repitió su historia al teniente Wilson Lisboa, al juez del Tribunal Regional, a los médicos, sacerdotes, periodistas y a un sinfín de personas que, a pesar de desacreditar la versión de Raimundo, quedaron perplejos por su coherencia, tranquilidad y convicción. Él afirmaba a pies juntillas que su padre había desaparecido ante sus ojos, rodeado por un remolino de polvo amarillo y levantado por dos pequeños objetos delante de la puerta de la casa. Y lloraba mansamente, convencido de que su padre jamás volvería.

—¿Cuando empezó la policía a buscar a Rivalino? —pregunté.

—En el mismo día de la desaparición. Y siguieron por mucho tiempo. Perros de la policía militar llegaron desde Belo Horizonte, pero no encontraron ni rastro del hombre Tras el examen clínico que se realizó a Raimundo, el médico João

Antunes de Oliveira dijo que no encontró nada de anormal en el niño, aparte del estado de desnutrición. Raimundo poseía, a pesar de eso, buenas condiciones mentales.

Por iniciativa del juez de menores, Raimundo fue conducido a Belo Horizonte. Allí, en la comisaría, el comisario Antonio Cruz pidió a Húlvio que entrevistara al niño.

—Se lo llevaron después para un orfanato, donde el juez solicitó un examen psiquiátrico y pruebas psicológicas, cuyos resultados no sirvieron para llegar a nuevas conclusiones, pues el niño parecía mentalmente normal. El médico João Antunes le tendió una «trampa» a Raimundo para verificar si mentía o no. Condujeron al menor a una sala donde estaba una persona que se fingía muerta y que tenía la cara y el cuerpo tapados. Le dijeron que era su padre, muerto, y que él, Raimundo, había mentido. El niño volvió a repetir la misma historia...

Dibujos de Rafael Merino para la revista Duda, ilustrando el caso Rivalino Mafra.

Secuencia de la revista Duda mostrando cómo desapareció Rivalino Mafra.

—¿Qué le dijo sobre los objetos extraños? —pregunté.

—Tenían forma ovalada, y debían medir entre cuarenta y cincuenta centímetros en su mayor diámetro. Poseían un pequeño apéndice en una de las extremidades, y por eso el niño los asoció a un tatú, una especie de armadillo brasileño con su típico caparazón. Estos apéndices tenían el tamaño de un dedo, con forma tubular. Era como si fuera la cola de un armadillo. Estos objetos estaban un poco suspendidos sobre el suelo, es decir, parecían flotar. En el momento en que Raimundo los vio, estos dos apéndices apuntaron hacia la puerta. Uno era totalmente negro y sin brillo. El otro estaba manchado de blanco y negro, con listas iguales de anchas y dibujadas de forma transversal al diámetro mayor del objeto.

—¿Qué pasó después?

Río donde trabajaba buscando oro Rivalino Mafra.

Trauma: tirachinas de Raimundo, el hijo de Rivalino, tal cual fue abandonado delante de su casa cuando su padre desapareció.

—Rivalino se acercó a la puerta y recomendó al hijo que no saliera del umbral. Entonces el padre se aproximó a los dos objetos, lentamente y sin miedo. A continuación, los dos se unieron lateralmente, con un sonido seco y empezaron a girar en conjunto, con gran velocidad, levantando un remolino de polvo amarillo que envolvió a Rivalino pero no a su hijo. La nube lo tapó por completo y luego el hombre desapareció.

—Entonces, ¿no se encontró ningún vestigio de Rivalino?

—Unos meses después surgió la noticia de que cinco cazadores habían encontrado un esqueleto cerca de la casa de Rivalino, en un lugar de difícil acceso. El rumor, divulgado por un periódico, se refería también a que Rivalino hubiera huido o que habría sido víctima de un asesinato. Pero estos rumores no pudieron ser confirmados.

—¿Usted cree que eran ovnis los que se llevaron a Rivalino?

—En la literatura ufológica hay referencia a pequeños objetos teledirigidos, de forma y comportamiento semejantes a los descritos por el niño. Es muy difícil que él conociera, por la literatura ufológica de entonces, algo sobre la existencia de aquellos artefactos. Por eso, sería muy difícil inventárselos. Además, el avistamiento de luces que sobrevolaron su casa una semana antes nos hace sospechar del acercamiento de vehículos voladores de origen desconocido.

—¿El Gobierno brasileño se interesó por el caso?

—Sí. Una copia de mi informe fue enviada a un coronel del Ejército del Aire.

¿Donde estará Rivalino Mafra? ¿En otros mundos, en otras dimensiones? ¿Estará muerto? ¿Habrá sido asesinado por rivales en la búsqueda de oro? ¿Se transformó en un conejillo de Indias de los extraterrestres? Son dudas que verdaderamente inquietan. Una cosa era cierta: Rivalino quería mucho a sus hijos, según contaron personas que lo conocían, y jamás los abandonaría.

Sobre Raimundo Mafra, su hijo que entonces tenía doce años, poco podemos decir. Mi buen amigo Claudio Suenaga me comunicó que Raimundo falleció en 2001. Si sabía algo más, se llevó el secreto, como muchos otros, a la tumba.

* * *

Brasil, ese inmenso país enigmático, nos reserva muchas sorpresas. Es importante analizar aspectos de su folclore que pueden relacionarse con el fenómeno ovni. En su libro *O povo do Espaço: metodologia do folclore extraterrestre*[1], el eminente folclorista Paulo de Carvalho-Neto identifica los

---

[1] Coleçao Biblioteca UFO, una publicación de la revista *UFO* del Centro Brasileiro de Pesquisas de Discos Voadores, Campo Grande, 1998.

ovnis con la mãe-do-fogo («madre del fuego») o mãe-do-ouro («madre del oro»), misteriosas apariciones de bolas voladoras, luminosas, cuyo color oscila entre el azul y el amarillo o rojo.

En la novela *O retrato do rei* (1991), la escritora Ana Miranda menciona la existencia de las mães-do-ouro a principios del siglo XVIII en los Estados de São Paulo y de Minas Gerais. Se trataba de un alma en pena que aquejaba a los buscadores de oro y piedras preciosas muy avaros con terribles fiebres que los llevaba a la muerte. Solía aparecer bajo la forma de una mujer emanando luminosidad amarilla. Esa era la época del «ciclo del oro», cuando los bandeirantes buscaban riquezas por todo el Brasil.

Uno de los primeros relatos sobre tales apariciones lumínicas en el pasado se lo debemos al jesuita canario José de Anchieta, en una carta escrita en la villa de San Vicente en mayo de 1560. Se trataba de la aparición del Mbai-tatá («cosa de fuego»), un extraño fuego que a veces hería a los indígenas y los hacía correr aterrorizados.

El poeta Olavo Bilac, en su obra *Ultimas conferências e discursos* (1924), escribe: «[...] pero cuando el viajero persigue al Mbai-tatá, él huye, intangible [...] pero cuando, al contrario, el hombre huye, el Mbai-tatá lo persigue, lo aterroriza, lo enloquece y lo mata...»

Otra tradición de esa misma época, que sobrevive hasta nuestros días, es que la aparición de esferas luminosas en el cielo, especialmente las amarillas, señalarían la existencia de tesoros enterrados y filones auríferos. Su comportamiento, en muchos casos, era previsible: una bola de luz recorría lentamente el espacio entre una montaña y otra, con o sin ruidos, a veces con fuertes estruendos.

Ese último hecho había sido relatado por dos naturalistas alemanes, Spix y Martius, que estuvieron viajando por el territorio brasileño entre 1817 y 1820. A causa de los fuertes estampidos, llamaron «montañas roncadoras» a los lugares asociados a la existencia de riquezas minerales.

Otra versión de la madre del oro es la que nos ofrece el ufólogo de la ciudad de Passa-Tempo (Minas Gerais) Antonio P. Faleiro en su libro *Ovnis no folclore brasileiro* (1979), presentándola como una luz errabunda, un espíritu de una «máter» protectora de tesoros ocultos que, según la concepción popular, es vista como una virgen.

Cuando entrevisté a Faleiro en el tranquilo pueblecito de Passa-Tempo, me contó que, en 1964, un campesino regresaba a su casa cuando vio, a ras del suelo, una pequeña esfera luminosa que producía un ruido semejante a un zumbido. Al intentar agarrarla varias veces, la esfera lo esquivó y, después de un rato, salió disparada hacia un depósito de agua donde desapareció.

A juicio de Faleiro, estos objetos son sondas extraterrestres cuyos diámetros pueden variar desde escasos milímetros hasta unos pocos metros, casi siempre entre 80 centímetros y 1,5 metros. «Suelen aparecer cíclicamente, generalmente son más frecuentes entre agosto y diciembre», me dijo.

* * *

Existen casos muy bien investigados de agresiones a seres humanos por presuntas entidades extraterrestres. Uno que podemos referir es el de un joven de veintiún años que, el 14 de febrero de 1975, hacia las trece horas, fue atacado por un haz luminoso que le dejó «temporalmente» ciego y mudo.

Al día siguiente, la madre de Antoine, la señora S. Marie, que vivía en Petite-Ille, en la isla Reunión (océano Índico), acudió a la brigada de gendarmería para contar que su hijo se encontrada postrado en casa. Había visto una bola brillante procedente del pico Calvaire que se le acercó y le disparó un rayo luminoso.

Antoine volvió a casa a pie, tomando el camino del cráter que pasaba cerca del cementerio. La madre añadía que su hijo alcanzó a ver a tres pequeños hombres vestidos de blanco que bajaban del objeto volador —que flotaba— y que el resplandor que lo derribó partió de la parte superior del ovni, que luego se elevó silvando muy fuerte.

Después de haberle contado toda la historia, su hijo se quedó mudo y ciego. Un médico de Petite-Ille fue llamado para atender al paciente en el mismo día del suceso, hacia las diecinueve horas. Lo encontró en estado de fatiga, extrema postración, angustia, pérdida parcial de lenguaje y fijeza de la mirada. Parecía tratarse de una crisis sobrevenida en el curso de un choque emocional intenso. Marie aclaraba a los gendarmes que su hijo era una persona completamente sana. No tenía ninguna quemadura en el cuerpo ni heridas.

El mismo día 15 los gendarmes se acercaron al pico Calvaire, cubierto en sus vertientes por bosques de filaos, con una meseta cultivada, atravesada de norte a sur por el camino del cráter que servía de comunicación a varias chozas disimuladas en la vegetación. Quizá en función del terreno montañoso y de la abundante maleza, los gendarmes no pudieron descubrir ninguna huella o indicio dejados por el ovni.

Los hombres de la ley también acudieron al domicilio del joven Antoine, donde lo encontraron postrado, con los «ojos abiertos fijos en lo desconocido». No pudo hablar, pero describió con gestos y dibujos lo sucedido. Según informó, días después se acercó al lugar, atraído por sonidos de tipo «bip-bip». Vio entonces el objeto, en forma de platillo, a unos 15 ó 20 metros de distancia, suspendido en el aire.

El aparato tenía dos ventanas rectangulares en la parte superior, mientras que en la parte de abajo se encontraba inclinada una corta escalera de tres peldaños. El 17 de febrero, a las ocho horas, todavía sin poder emitir palabra, Antoine quiso llevar a los gendarmes al lugar de observación del ovni, pero con la condición de que estuvieran armados. Aunque esa fuera su voluntad, su condición física se lo impidió.

El día 16 el coronel de la gendarmería de Reunión ordenó realizar un informe, redactar un cuestionario ovni y proceder a verificaciones de los servicios de la torre de control del aeropuerto de Gillot Saint-Denis, a fin de conocer si aviones

Antonio Faleiro, estudioso del folclore brasileño, relacionado con las apariciones de luces inteligentes.

o helicópteros estaban en vuelo entre las doce y trece horas del 14 de febrero de 1975.

Ninguna aeronave había sobrevolado la isla en aquellas horas y fecha. No llovió y el sol resplandecía en el cielo. El responsable de la estación meteorológica de Gillot dijo que no se procedió a soltar globos sondas por aquellas fechas. Además, el presidente el aeroclub del Sur les indicó que ningún avión había despegado de la pista de Pierre-fond Saint- Pierre el día 14.

El día 18 llega a Petite-Ille el lugarteniente coronel al mando del agrupamiento de gendarmería y se encuentra a Antoine acostado, con la cabeza hundida en almohadas y toallas, aún sin poder ver ni hablar. Con gestos le explica lo sucedido. Al mismo tiempo, otro oficial emplea un contador Geiger de radiactividad sobre Antoine y sus ropas. El resultado es negativo.

Una vecina de la familia condujo en ese mismo día a los oficiales hacia el campo de maíz donde se vio el ovni, pues había descubierto tres agujeros en el suelo. Estaban espaciados entre sí un metro y dispuestos en triángulo isósceles, con una profundidad entre dos y tres centímetros. El control de radiactividad en ese sitio también fue negativo.

Al día siguiente vuelven los oficiales a la casa de Antoine para interrogarlo. Durante algunos segundos caía en estado inerte y, cuando recuperaba la lucidez, su cuerpo se estremecía. Hizo gestos para decir que estuvo en comunicación con el objeto: había oído, en un sueño, los sonidos «bip-bip» y que esto lo había intrigado y enervado. Aclaró otros aspectos sobre el primer humanoide que apareció, que tenía la forma del «enano Michelin» (el muñequito de los neumáticos) y que su andar era torpe.

El día 20 de febrero Antoine se ve con fuerzas como para acompañar en un todoterreno a los gendarmes al lugar de los hechos. Antoine da algunos pasos por el campo, con la mirada dirigida al fondo de la parcela, cerca del bosque de filaos. Se detiene de pronto, se lleva las manos a las orejas apoyán-

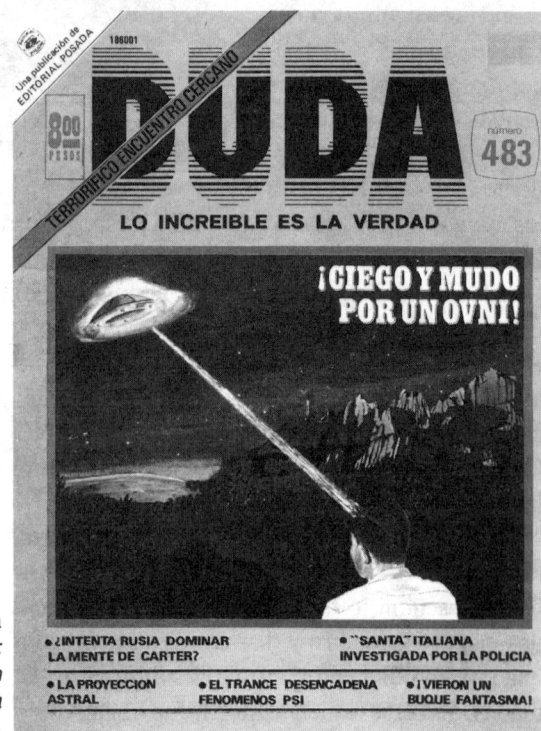

Revista Duda número 483: reconstrucción del caso de la isla Reunión.

dolas muy fuertemente, luego vacila y se derrumba en el suelo. Su pulso latía débilmente, sus manos estaban frías y sus ojos trastornados. Es llevado de inmediato a su casa y solo se recupera parcialmente media hora más tarde. Explicó que una fuerza desconocida le impedía avanzar en la dirección del lugar preciso donde observó el ovni.

En el mismo día Antoine fue examinado en el hospital psiquiátrico de Saint-Paul. También interrogan a sus vecinos, que dicen que era un muchacho serio, honesto, sobrio y que gozaba de la estima general.

La víctima (día 25 de febrero) declaró que nunca había leído revistas de ciencia-ficción y que nada sabía sobre una aparición de un platillo volador en 1968 sobre la llanura de Cafres, también en la isla Reunión.

Un vecino dijo que vio un objeto luminoso el 10 de febrero de 1975, alrededor de las veintidós horas, que se desplazaba a gran velocidad. Una muchacha de dieciséis años confesó haber observado una bola luminosa que avanzaba lentamente el día 16 sobrevolando Saint Benoit, también en Reunión.

El día 6 de marzo Antoine ya había recuperado todas sus facultades físicas y mentales. Antes había aclarado que en la noche del 11 al 12 de febrero de 1975 —dos días antes del incidente— había soñado con uvas y racimos (que interpretó como señal de desgracia), además de oír sonidos de tipo «bip-bip». Por la mañana seguía oyéndolos, a lo lejos. Al mediodía del día 14 estos sonidos le «destrozaban los oídos» y tuvo que pedir a su jefe (de un negocio de transportes y entregas a domicilio) la tarde libre.

—Antes de dejar el negocio tomé un paquete de «grattons», luego me fui corriendo, pasé delante del estadio, luego cerca del cementerio, mi itinerario habitual. Los sonidos se acentuaban cada vez más, a veces disminuía mi velocidad y luego seguía corriendo. Estaba solo. Luego, en un momento dado, me vi obligado a detenerme como retenido por una fuerza sobrenatural. Me encontraba en ese momento en el sendero que lleva a mi cabaña y a la de mis padres, pero todavía en el camino transitable. Tenía la impresión de que mis tímpanos iban a estallar. Entonces giré lentamente para salir del camino y avanzar algunos metros en un campo de maíz. Sentí entonces un calor extraño, acompañado de un aliento ardiente. Yo estaba rígido, como paralizado, no podía hacer un gesto, y entonces percibí un artefacto que tenía la forma de un gran sombrero o de una taza apoyada boca abajo en un plato. Este objeto

Ilustración de Luis Chávez Peón para la revista Duda.
Huellas dejadas por el ovni que cegó al muchacho.

brillaba intensamente. Tenía color aluminio y se encontraba a más o menos 1,50 metros del suelo. Luego, apareció una escalera con tres peldaños por debajo del plato. Este se inclinó unos 45 grados, pero no tocaba la tierra. Entonces salió del artefacto un hombrecito extraño de forma de embutido, como Michelin, igualmente brillante como el plato. En la mano derecha tenía un objeto de 30 centímetros de largo, siempre bri-

Seres «Michelin» que atacaron al joven isleño de Reunión, según Luis Chávez.

llante. En la escalera había otro ser que parecía estar cómodo, pero apenas estuvo en la tierra, su paso se hizo diferente, torpe; el sujeto se desplazaba con los pies juntos. Un segundo después, un tercer hombre se unió al primero. Este rascaba el suelo, pero no lo vi poner tierra en el sobre, igualmente brillante, que tenía el segundo. Los tres tenían antenas en la cabeza de cada costado. Los veía de perfil. En un momento dado, vi al tercer hombre que giraba para hacerme frente. Sus antenas se movieron. En ese mismo momento me di cuenta en realidad de lo que veía. De pronto mi mirada se dirigió a lo alto del plato, a la torre. A través de la ventana circular vi la cabeza de un cuarto robot, que tenía una especie de casco, del tipo de una escafandra. Pienso que el tercer hombre, al verme, dio la alerta. Entonces fui proyectado hacia atrás por un potente relámpago. Pude ver a los hombrecitos que subían más rápido que para bajar. La escalera fue retirada haciendo un ruido hidráulico. Enseguida el aparato se elevó, provocando un silbido muy fuerte. No pude ver qué dirección tomaba. Ignoro cuánto tiempo quedé en el suelo. Entonces remangué mi pantalón y fui directamente a la casa de mis padres llevando el paquete de «grattons». No recuerdo haber perdido el uso de la voz ni haber quedado ciego. Esa tarde preferí relatárselo, ya que es real, porque temo quedarme ciego y mundo. Pensé que al día siguiente, de día, podía llevarlos al lugar donde había sido testigo de la aparición del objeto en cuestión.

Esto fue lo que contó Antoine el día 23 de febrero de 1975 a los oficiales de la gendarmería. Los documentos secretos fueron divulgados —con omisión de los nombres de las personas— por el famoso ufólogo francés Jean-Claude Bourret, que tuvo acceso a los mismos, pero manteniendo en secreto los apellidos de los protagonistas.

En uno de los interrogatorios a la madre de Antoine, Marie, declaró lo siguiente:

> «El 14 de febrero de 1975, al entrar en mi domicilio alrededor de las 16,30 horas, encontré a mi hijo Antoine,

de veintiún años, sentado en un banco de la cocina. Tenía los codos sobre las rodillas, las manos en la cabeza y lloraba. Le pregunté si le dolía la cabeza. Me respondió afirmativamente. Le pregunté si le habían dado golpes, si había tenido un accidente o si se había caído. Su respuesta fue negativa. Agregó que si contaba lo que había visto, nadie se lo creería. En ese momento me di cuenta de que tenía miedo, gritaba y lloraba. Logré hacerle hablar. Entonces me contó lo que luego contó varias veces. Al volver del trabajo, y no estando lejos de su casa, en un camino de tierra, vio una gran bola muy brillante. Me explicó que tres hombres pequeños y gruesos habían bajado de la bola por una escalera compuesta de tres peldaños. El primero que tocó el suelo llevaba un objeto brillante en la mano, el segundo tenía una especie de cornete, igualmente brillante, y el tercero parecía no llevar nada. Veía a esos hombres de perfil. Los tres tenían vestimentas brillantes con el aspecto del muñeco Michelin.

Tenían antenas en la cabeza —seguía contando la madre a los oficiales—. Cuando el tercero giró en dirección de mi hijo, las antenas se movieron. Fue entonces cuando un relámpago muy poderoso salió de la parte superior de la bola, proyectándolo hacia atrás. Antoine no sabe cuánto tiempo estuvo acostado boca arriba. Se levantó, se remangó los pantalones y salió corriendo directamente a casa...»

El día 19 de febrero, alrededor de las veinte horas, Antoine lanzó un grito levantando las manos. Se pasó entonces la mano por los ojos y dijo a sus familiares que ya podía ver.

Es curioso observar que Antoine escuchó extraños «bip-bip». Durante las apariciones marianas de Fátima, en Portugal, en 1917, muchos de los testigos del «sol danzante» o de una esfera voladora brillante, escucharon «dentro» de sus cabezas ruidos semejantes.

Enseguida sus ropas, mojadas por la lluvia, se secaron casi instantáneamente. Según el investigador portugués y periodista Joaquim Fernandes, este tipo de sonidos es semejante a los que pueden percibir personas sometidas a campos de microondas. No lo escuchan directamente con los oídos, sino que lo perciben en su cerebro. Pero ¿quién emitía microondas en 1917, en Fátima, o en 1975, en la lejana isla Reunión?

Sabemos que muchos ovnis emiten tales microondas, capaces de afectar a la salud de los seres vivos, dependiendo de su intensidad. Antoine pudo ser víctima de estas emisiones, amén del rayo que lo dejó ciego y mudo durante varios días.

Capítulo 4

Ovnis asesinos en la Amazonia

LA SELVA AMAZÓNICA brasileña alberga mucho más que una amplia biodiversidad reflejada en sus selvas, animales y grandes ríos. Muchos de sus espacios, aún ignotos o alejados de la «civilización», han sido escenario de algunos de los más fantásticos y aterradores sucesos ufológicos jamás vistos: ovnis que disparaban haces de luz capaces de herir y hasta de matar seres humanos, emprender persecuciones y hacer cundir el pánico en aldeas y pueblos. ¿Producto de alucinaciones o histeria colectiva? No. El Ejército del Aire brasileño —ante la amenaza de origen desconocido y bajo estricto secreto— llegó a desplegar varios comandos para estudiar el insólito fenómeno que se pudo fotografiar y documentar ampliamente.

Los acontecimientos tuvieron lugar entre 1977 y 1978, pero aún en los años ochenta se dieron señales de alarma bajo las embestidas de lo que el pueblo llano de las selvas llamó «chupa-chupa», en franca alusión a la extendida opinión de que tales objetos eran capaces de «chupar» la sangre de sus víctimas. ¿Vampiros extraterrestres en la Amazonia? Para aclarar esta duda viajé hasta los escenarios de los hechos en el Estado de Pará, siguiendo el rastro aún persistente del fenómeno.

El avión me dejó en Belém, capital del Estado de Pará, en plena desembocadura del río más grande del mundo, el Amazonas. En esta urbe de un millón de habitantes me recibió Daniel Rebisso Giese, el principal investigador del insólito fenómeno y autor del libro *Vampiros extraterrestres en la Amazonia* (1993), con el que estuve durante mi estancia en aquel Estado dos veces y media más grande que España.

Daniel Rebisso es biólogo y trabajaba para el Museu Emilio Goeldi de Belém, el más importante centro de estudios amazónicos de Brasil. Además, es profesor de biología de la Universidad Federal de Pará. El prestigioso ufólogo Jacques Vallée consultó a Daniel Rebisso para su libro *Confrontations* (1990).

Fue mi amable amigo quien me puso en contacto con la doctora Wellaide Cecim Carvalho, uno de los testigos clave que atendió a casi cuarenta personas heridas por los enigmáticos «chupa-chupa».

En la Secretaría de Sanidad Pública de Belém, junto con Daniel, entrevisté a Wellaide —entonces directora de aquel órgano público—, que me aportó nuevas revelaciones sobre el caso «chupa-chupa». La doctora tenía veinticuatro años cuando el alcalde de la pequeña localidad de Colares —en la isla de Colares, en la costa de Pará— decretó el «estado de emergencia» entre la población, que constaba de unos 800 habitantes, y quedó reducida a unos 200 a raíz del pánico provocado por la aparición de extraños objetos agresivos.

Wellaide era la única médica de la isla, en donde permaneció hasta el final de los incidentes atendiendo a los heridos.

—Todo ocurría a escasos centenares de metros de donde yo vivía en Colares. La gente recién atacada venía corriendo, algunos llorando o presos de pánico. Presentaban quemaduras cuyo diámetro variaba entre 2,5 y 12 centímetros, algunas con pequeños orificios, semejantes a los producidos por una aguja. Generalmente se situaban sobre el tórax y más raramente en el cuello, con señales de alopecia, o sea, caída de vello, con la destrucción del folículo. Por eso el vello no volvía a crecer en la región de la quemadura. Extrañamente ocurría una rápida descamación de la piel del área afectada, al contrario de las

Belém, capital de Pará, en la Amazonia brasileña. La población de su periferia sufrió los ataques del «chupa-chupa».

quemaduras normales que suelen despellejarse al cabo de unos cinco días. Pasadas algunas semanas no había huella de las quemaduras —me dijo Wellaide en su despacho.

Además de las quemaduras, las personas heridas por los ovnis experimentaban, según la doctora, una especie de parálisis temporal después de ser atacadas por el haz de luz: intentaban correr sin éxito y la voz no les salía. El «rayo» oscilaba entre unos pocos centímetros de diámetro hasta unos 15 y, al final del ataque, era «recogido» por el objeto volador.

—Aquellas gentes humildes, la mayoría pescadores, amas de casa, viejos y niños que vivían en chozas, llegaban tambaleándose a mi cabaña con síntomas de hipotensión, o sea, presión baja, flojedad muscular y depresión. La angustia en el momento del ataque era tal que algunos me decían que tenían la sensación de que se iban a morir —me puntualizó la doctora.

—¿Qué le pareció aquello al principio?

—Pensaba que aquellas marcas eran mordidas de murciélagos vampiros. Sin embargo, no había tales animales en la isla, y mucho menos producían alopecia y quemaduras.

—¿Se llegó a la conclusión de que los ovnis succionaban la sangre de sus víctimas? —seguí preguntando.

—No puedo afirmar eso. Sin embargo, verifiqué algo curioso. Al hacer el recuento de los glóbulos rojos de las muestras de sangre de las personas atacadas, encontré una tasa equivalente a 6, mientras que lo normal sería 12, es decir, hallé una reducción de casi la mitad. Yo deduje que hubo una disminución o destrucción de los glóbulos rojos, aunque no tuviera un equipo adecuado para hacer un hemograma.

El biólogo y ufólogo Daniel Rebisso Giese y Villarrubia en el Museo Emilio Goeldi, de Belém.

La doctora Wellaide Cecim Carvalho atendió a las víctimas de los ovnis.

—¿Qué pasó con los informes médicos de las personas atacadas?

—En aquella época los enviábamos a la Secretaría de Sanidad del Estado, y no sabemos qué destino tuvieron. Puede que estén con los militares... —me dijo sin contener un suspiro.

Pasados casi veinte años, Wellaide desarrolló su propia teoría para explicar la compulsión de aquellos ovnis por la sangre humana.

—Creo que aquellos objetos voladores empleaban la sangre o alguna sustancia química de los glóbulos rojos como combustible para su desplazamiento. Si no, ¿cómo explicar su extraña actitud? —dijo, encogiendo los hombros.

Wellaide llegó, sin saberlo, a la misma conclusión que algunos eminentes investigadores de ovnis, como Salvador Freixedo o el cubano Virgilio Sánchez Ocejo. Estos postulan que algunos extraterrestres se alimentan desde tiempos primigenios de la energía de la sangre humana o de ciertos animales.

Esto explicaría algunos sacrificios humanos en el pasado, para calmar o aplacar la ira de los «dioses», posiblemente entes alienígenas. Una teoría aparentemente descabellada, pero como el mismo fenómeno ovni es tan alucinante e irracional, cabe no excluir en principio esta osada teoría.

Según me contó el célebre investigador argentino Fabio Zerpa durante el congreso internacional de ufología en Chihuahua[1] (México) de septiembre del 2003, hubo casos semejantes al «chupa-chupa» en el sur de Argentina también en la década de los setenta. En concreto, una mujer fue atacada por una entidad que le sacó sangre. Yo mismo, en 1998, descubrí un caso interesantísimo en la provincia de Tucumán (Argentina), en el pueblo de Amaicha del Valle. Allí, en las alturas andinas, una pastora de cabras me contó cómo dos humanoides que flotaban en el aire la paralizaron y uno le sacó sangre del brazo con una especie de jeringuilla.

Esto había ocurrido a principios de los años noventa. Aquella simple pastora de ovejas vio, además, el ovni en forma ovalada, al igual que otros vecinos del pueblo y algunos camioneros. Jamás un periodista o investigador estuvo en el lugar, y la mujer me contó aquella historia con mucha espontaneidad y sinceridad. Casos semejantes de extracción de sangre con jeringuillas o algo parecido habían ocurrido en los años ochenta en la región de Parnarama, en el Estado de Maranhão, vecino al de Pará.

* * *

El pánico de los habitantes de Colares estaba plenamente justificado. No solo por los muchos heridos, sino también por las muertes.

---

[1] Este congreso fue el más importante que se realizó desde 1977 en Acapulco. Su organizador, el ufólogo Gilberto Rivera, logró convocar a nombres tan sonados como el mismo Zerpa, Virgilio Sánchez Ocejo, Luis Ramírez Reyes, Mel Podell, Stanton Friedman, Rubén Uriarte, Fernando Téllez, Carlos Guzmán, Dino de Labra, Jerónimo Flores, Josep Guijarro y Pablo Villarrubia, amén de los contactados Dante Franch, Sixto Paz y Martha Rosenthal.

Gilberto Rivera, el conocido ufólogo mexicano que investiga casos de extraños ataques a animales en el desierto de Chihuahua.

—Una señora que vivía detrás del puesto de salud murió de un paro cardiaco seis horas después de haber sido atacada por uno de los objetos voladores. La llevamos al hospital de los Servidores del Estado, en Belém, donde falleció. Otra víctima fue un hombre que descansaba a la entrada de su casa. Tras recibir el disparo del haz de luz del ovni estuvo en estado de coma durante dos horas hasta que murió. Era epiléptico —me dijo Wellaide.

Las muertes, según la doctora, pudieron haber sido producidas indirectamente por los disparos. Otros casos de muertes provocadas por los «chupa-chupa» también se divulgaron en la región de la bahía de São Marcos, en Maranhão y en la zona de Parnarama, en el mismo Estado donde en 1995 cayó un objeto no identificado que hasta ahora no ha podido ser localizado pese al cráter que dejó.

La propia Wellaide fue testigo de las graves quemaduras en las manos de una chica que hacía ganchillo en el alpendre de su casa. Se trataba de otra víctima del «chupa-chupa». En otra ocasión, al volver de atender a un niño que se había roto la clavícula, la doctora vio algo que jamás olvidará.

—Un día de aquel año de 1977, sobre las seis de la tarde, y con todo el pueblo desierto —pues las personas se encerraban en casa por miedo a ser atacadas por los «chupa-chupa»—, vi en el cielo, muy cerca de mi casa, un objeto volador cilíndrico, girando en espiral, con apariencia de metal plateado. Mi sirvienta me sacudió el hombro: en su rostro se reflejaba un rictus de pavor. Por debajo aquel objeto poseía anillos de luz de color violeta, rosa, azul y amarillo. Estaba a unos 20 metros de altura sobre mi cabeza y parecía tener una especie de ventana, pero no vi nada dentro, quizás debido al movimiento. Debía tener unos cinco o seis metros de largo.

—¿No sintió miedo?

—No. Estaba extasiada. Sin embargo, la gente, desde dentro de sus casas, me gritaba: «¡Corra, doctora, corra!» Eso duró poco tiempo, pues el objeto voló hacia la bahía y desapareció a lo lejos. Enseguida llegaron los militares del Ejército del

Periódico de Belém que relata los ataques de los «chupa-chupa» en la isla de Mosqueiro.

Aire, que estaban acampados en una playa cercana y que lo habían observado todo, y me dijeron que yo no había visto nada, que todo aquello era una ilusión. Era lo mismo que decían a los demás habitantes; eso o que eran helicópteros de los comunistas. Me quedé indignada.

Algunos días después un objeto semejante sobrevoló a baja altura el campo de fútbol del pueblo. Las personas le arrojaron piedras y palos e incluso dispararon sus escopetas. Algunos testigos afirmaron haber visto siluetas de seres a través de una especie de ventana, algunas de pelos rubios. La doctora pudo todavía llegar a tiempo de ver el objeto apartarse.

—Creo que no fui atacada por el objeto por ser la única persona rubia de la isla. Tal vez me hayan confundido con uno de ellos. Solo de esta manera puedo explicar que durante más de media hora observé el primer objeto en la playa sin que haya pasado nada —reflexionó la doctora.

En la villa de Colares sucedió otro caso estremecedor aquel final de 1977. El comerciante Newton de Oliveira Cardoso, que entonces tenía veintisiete años, se despertó de noche sintiendo que el cuerpo le «ardía», como si estuviera abrasado por dentro. Acercó la mano al cuello y notó que estaba quemado, en el lado izquierdo. Los familiares lo llevaron al día siguiente al médico del pueblo.

—Me quedé muy flojo y sin ánimo durante varios días y aún me siento mareado y con dolor de cabeza —confesó Oliveira a la doctora.

Otro caso en la misma región es el de Claudomira Rodrigues Paixão, que tenía cuarenta y tres años. Había sido alcanzada por la luz del «chupa-chupa» sobre uno de los pechos cuando dormía en casa de unos parientes, en una hamaca al lado de la ventana. Fue sorprendida por un gran resplandor y, de inmediato, sintió un intenso calor sobre su cuerpo, que también se paralizó. La mujer observó cómo un haz de luz verde se proyectó del exterior hacia su pecho izquierdo.

Durante varios días sintió «flojera» física y fuertes dolores de cabeza que volvían inesperadamente. Más tarde acudió al

Instituto Médico Legal Renato Chaves (de Belém), donde fue sometida a varias pruebas. También recibió la visita de dos investigadores extranjeros que llegaron a la isla en un avión monomotor, junto con un intérprete. Claudomira recordó:

—Mientras el haz de luz me alcanzaba el pecho, sentí como punzadas de agujas. Después no sentí dolor, salvo los dolores de cabeza y una laxitud muy grande que me dejó postrada en la hamaca durante varios días.

* * *

Algunos días después de la entrevista a Wellaide, Daniel Rebisso me llevó hasta otro escenario de aquellos sucesos de 1977-1978, la isla del Mosqueiro, frente a la bahía del Sol, también en la costa de Pará. Estábamos en la desembocadura del río Amazonas y podíamos ver, a lo lejos, la gigantesca isla de Marajó. En aquel espacio acuático se mezclaban las aguas del mar con las del caudaloso río. Tranquilamente instalado bajo las palmeras, no podía pensar que allí se hubieran sucedido aterradores sucesos ufológicos que hirieron a muchas personas.

Daniel entró en su coche y vino con una gruesa carpeta. Dentro, varias fotografías de ovnis —algunas inéditas y que se publican en este artículo—, muchas con un sello al dorso que aquí se reproduce:

> **CONFIDENCIAL**
>
> **Toda e cualquier persona que tome conocimiento de asunto sigiloso queda, automáticamente, responsable de guardar sigilo (Art. 12 del Doc. n.º 79.099 de 06-01-77) (Reglamento para Salvaguardia de Asuntos Secretos)**

Sobre este sello aparecía otro, circular y más pequeño, donde se destacaba el lema del Ejército del Aire brasileño (una espada con alas), alrededor del cual se leía: **I Comando Aéreo Regional. 2.ª Sección**.

Sello de la aeronáutica brasileña en el dorso de una foto de un ovni. Exigencia, bajo amenaza, de silencio ante los ataques de los «chupa-chupa».

Estaba delante de una muestra de una época sombría de la historia de Brasil, cuando la dictadura militar —que duró hasta ya entrados los años ochenta— sesgó miles de vidas y torturó a un sinnúmero de personas en sus oscuros calabozos, ejerciendo además una implacable represión psicológica e ideológica desde sus comienzos, en 1964. La doctora Wellaide y otros habitantes de la isla de Colares fueron testigos de las medidas represivas de los militares que les impedían hablar en público o con otras personas sobre el fenómeno. Algunos periódicos tuvieron —bajo la intervención de censores— que «rectificar» noticias sobre agresiones, atribuyéndolas a episodios de histeria y locura de algunos adolescentes.

También es curioso verificar cómo el caso «chupa-chupa» no trascendió las fronteras de Pará y Maranhão.

—Los militares no querían que, a través de los medios de comunicación, se creara una situación de pánico. Querían llevar a cabo sus investigaciones con el mínimo de contaminación informativa. Sin embargo, era imposible detener, por lo menos en la zona de los hechos, la información boca a boca que llegaba a las aldeas y pueblos sobre los ataques de las luces —me comentó Daniel Rebisso en su casa, a las afueras de Belém.

Según este investigador, el Cuartel General del Primer Comando Aéreo Regional de la Aeronáutica, el 1.er COMAR, con sede en Belém (Pará), puso en alerta su segunda sección —co-

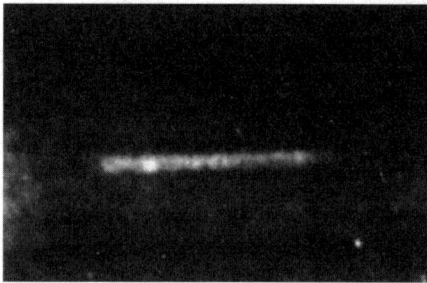

Foto confidencial realizada por miembros de la «operación Plato». Parte de este material está clasificado en la base de Campo dos Afonsos, en Río de Janeiro.

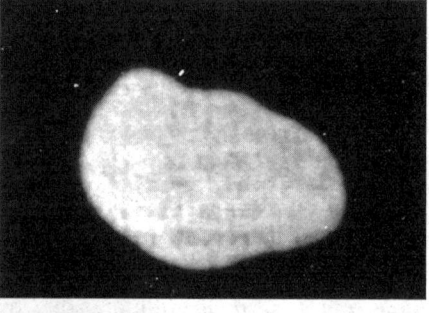

Imagen de un «chupa-chupa», es decir, de un ovni agresivo en la Amazonia brasileña. Se cree que existen muchas más fotos archivadas en la base aeroespacial de Alcántara, en el Estado de Maranhão.

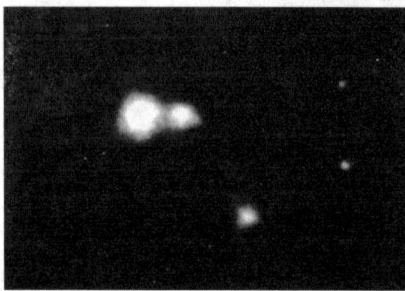

La mayor parte del material fotográfico realizado por la «operación Plato» de los ovnis, como esta foto, está guardada, sin posibilidad de consulta, en el Condabra, un departamento del Ministerio de la Aeronáutica, en Brasilia, la capital del país.

mo lo demuestran varios documentos y relatos de militares y civiles que recabó— para la elaboración de un informe completo sobre el fenómeno que tenía como filosofía el más absoluto secreto. El resultado fue un informe de casi 500 páginas, incluidas centenares de fotografías de ovnis y de testigos, dibujos, mapas y relatos, además de varias películas en 8 milímetros.

Las fotografías, la mayoría en blanco y negro, muestran objetos perfectamente discoidales, algunos esféricos y otros de forma indefinida. Algunos presentan un objeto menor, luminoso, desprendiéndose bien de su superficie o bien de su interior. La foto más impresionante que Daniel me enseñó muestra un ovni brillante y elíptico sobre el que se asientan objetos luminosos esféricos que parecen proyectar una tenue sombra sobre el mayor.

Parte de los informes fueron entregados a Daniel y son encabezados por el nombre de los testigos, su condición cultural, seguidos de la fecha, hora del suceso y después de un relato corto y objetivo sobre el avistamiento o agresión sufrida por la víctima.

—Durante las entrevistas que hice a varios militares, cuyos nombres me pidieron que no divulgara, quedó claro que ellos pensaban, al principio que las noticias sobre casos de gente herida por luces eran una tontería. Solo la alarma de los alcaldes de los pueblos los movilizó, ante la duda de que el espacio aéreo nacional estuviera siendo violado por aeronaves o por artefactos secretos extranjeros, o que los guerrilleros que entonces presuntamente se escondían en las selvas estuvieran ahuyentando a los campesinos y pescadores para controlar el contrabando de armas —me dijo Daniel.

Cuando los militares se percataron de que estaban delante de un fenómeno totalmente desconocido fue cuando surgió el término «operación Plato» para denominar sus actividades de campo que durarían desde mediados de 1977 hasta principios de 1978 en el Estado de Pará, aunque otras operaciones semejantes se hayan realizado hasta 1982.

—Solo algunos militares creían que el fenómeno «chupa-chupa» era de origen extraterrestre. El informe secreto termina diciendo que los objetos voladores provocaban histeria colectiva y que eran cuerpos luminosos de origen desconocido que no representaban peligro para la nación —añadió Daniel.

A casi tres mil kilómetros de distancia de Belém, al sur de Brasil, en Porto Alegre, entrevisté, antes de empezar el viaje por la Amazonia, al conocido periodista Fernando G. Sampaio, autor de varios libros de divulgación científica. Durante la dictadura militar, Sampaio mantuvo buena relación con los militares y, como investigador del fenómeno ovni, fue llamado a Belém para estudiar la documentación secreta sobre el «chupa-chupa».

—Yo no creo que existan platillos volantes visitando nuestro planeta. Los informes sobre lo que el pueblo llamó «chupa-chupa» me hacen pensar en la posibilidad de que alguna superpotencia se puso a experimentar algún arma secreta en las regiones aisladas y poco pobladas de la Amazonia. Podían ser helicópteros... —me aseguró.

Sampaio, que me confirmó la existencia del informe secreto, en cambio no supo explicarme cómo algunos helicópteros podrían hacer maniobras extraordinarias en el cielo, acelerar en microsegundos a velocidades inestimables y tener un formato que para nada recuerda a estos aparatos.

* * *

En la villa de la isla de Mosqueiro, a unos 70 kilómetros de Belém, buscamos a algunos de los testigos de aquellos años, pero muchos habían muerto y otros no vivían en el mismo lugar. Encontramos a la enfermera Rusilene Valois da Silva, de treinta años, que durante la Semana Santa de 1984 —otro año de gran oleada ufológica en la región— observó a un cilindro volador.

—Era totalmente negro, no tenía luces y tampoco ventanas u otros detalles. Volaba muy despacio, a veces verticalmente y

Isla de Mosqueiro: incidentes violentos y luces errantes en los cielos de Pará entre 1977 y 1978.

a veces horizontalmente, siempre girando sobre su eje. Vino en dirección al colegio donde estaba y después desapareció a lo lejos. Parecía que reflejaba la luz del sol y tenía casi un metro de largo —nos dijo la enfermera.

En aquel mismo año, meses después, un piloto civil viajaba en una avioneta entre la ciudad de Soure —en la isla de Marajó— y Belém. Fue cuando avistó un cilindro volador de unos 10 ó 15 metros de longitud que pasó a menos de cien metros de su avioneta, asustando a los pasajeros. Otro piloto, en las mismas fechas, también vio un ovni con forma de «punta de flecha» sobrevolando la pista del aeropuerto de Soure.

Durante mi viaje a Pará fui hasta Soure en una avioneta, saliendo desde Belém. Allí hablé con varios trabajadores del aeropuerto que me confirmaron las versiones de los pilotos publicadas en la prensa en 1984. Ellos también añadieron que vieron sobre la pista bolas de luz haciendo vuelos rasantes. Algo semejante ocurrió en el aeropuerto de la ciudad de Santa-

Rusilene Valois da Silva entrevistada por Villarrubia en la isla do Mosqueiro: avistamiento de ovni cilíndrico en los cielos.

rém, a casi 1.500 kilómetros de distancia de Belém, a las orillas del río Amazonas.

Allí conversé con un proveedor de combustible de la Petrobrás (empresa estatal brasileña de petróleo) para los aviones del aeropuerto, que me dijo que vio estas luces en 1990 sobre la pista y que interferían en los dispositivos electromagnéticos que controlaban las bombas de combustible bajo el suelo, desconectándolos. La influencia electromagnética de uno de los ovnis llegó a quemar un aparato de fax del aeropuerto.

* * *

El fenómeno «chupa-chupa» no parece ser algo natural, sino que obedecía a alguna forma inteligente de acción. Las primeras manifestaciones ocurrieron en la costa del Estado de Maranhão, lindante con Pará, al este en la bahía de São Marcos, cerca de la capital del Estado, São Luís.

Después se desplazaron hacia Pará, pasando por los municipios de Viseu, Augusto Correa, Colares y Mosqueiro, hasta llegar en la periferia de Belém, donde aparecieron personas heridas. Acto seguido, las apariciones que venían de la costa se fueron haciendo más frecuentes en el interior de Pará, avanzando a lo largo del río Amazonas, como en Santarém y Monte Alegre. Algunas noticias dispersas hacen referencia a que los «chupa-chupa» llegaron hasta el Estado del Amazonas y que «subieron» hasta Venezuela.

Tras mis entrevistas en Belém y Mosqueiro remonté el río Amazonas hasta Santarém a bordo del buque *Príncipe Negro*,

Vista aérea de la isla de Marajó, en la desembocadura del río Amazonas, sobrevolada por el autor, escenario de frecuentes apariciones de ovnis.

donde conocí a Rosineide de Oliveira, de dieciséis años, quien me contó que en 1992, estando en Surucuá, cerca de Santarém, junto con otras cinco personas vio una luz roja que emitía un haz de luz del mismo color que se acercó hasta unos treinta metros del grupo.

—No me acuerdo de lo que pasó seguidamente. Yo sé que desfallecí y mis amigos me despertaron. Me dijeron que ellos también se habían asustado, pero que yo había perdido el sentido. La luz, tras acercarse, se apartó a gran velocidad —me dijo Rosineide.

En la ciudad de Alenquer, a unos 180 kilómetros de Santarém, también a las orillas del río Amazonas, el médico José Monteiro me dijo que había atendido hacía nueve años a una mujer que abortó tras haber visto el «chupa-chupa». Hasta hoy los habitantes de la villa de Prainha hablan que ven el «lanternador»: una, dos o tres luces, semejantes al foco de una linterna que hacen movimientos acrobáticos en el aire y producen un ruido semejante al motor de un barco. En un lugar llamado Sete Varas existe una huella en medio de la vegetación, de unos 50 metros de diámetro, donde no consigue crecer nada.

El autor al lado de la avioneta que le llevó a la isla de Marajó para investigar avistamientos de ovnis.

El doctor José Monteiro, de Alenquer, a orillas del río Amazonas: atendió a una mujer que abortó tras avistar un ovni.

—Los nativos dicen que allí bajó una gran luz del cielo y que quemó la selva virgen. Cuentan también que militares del Ejército del Aire estuvieron allí estudiando el fenómeno —me contó el médico.

A unos 2.000 kilómetros de Belém, en el Estado de Paraíba (en la costa atlántica brasileña), entrevisté al ufólogo suizo Jorge Hans Kesselring —que se había carteado con el famoso ufólogo Hynek—, quien me contó que hacia 1977 y 1978 aparecieron objetos luminosos en la costa de Paraíba que él mismo, su esposa e hijo pudieron ver. Para Daniel Rebisso el fenómeno pudo tener su dispersión original en el océano Atlántico o en África, «pero no tenemos informaciones al respecto».

Capítulo 5

La increíble «operación Plato»

LO QUE OCURRIÓ en la Amazonia brasileña entre 1977 y 1979 no tiene precedentes en ningún otro lugar del mundo. Luces y objetos voladores que en vuelos rasantes disparaban haces de luz sobre aterrados campesinos y pescadores. Muchos quedaron con quemaduras; otros, con menos suerte, murieron. La situación llegó a ser tan alarmante que los militares decidieron intervenir, pero sin que la prensa hiciera alarde de su presencia en varios puntos geográficos del Estado de Pará.

Fue así como se desplegó la «operación Plato». Entre sus filas estaban los militares del 1.ᵉʳ Comando Aéreo Regional (COMAR). Eran, en su mayoría, oficiales y suboficiales, desplegados en puntos estratégicos en grupos de cuatro a seis hombres y equipados con cámaras fotográficas con teleobjetivos, telescopios, radares pequeños y helicópteros del tipo Bell. A veces iban acompañados de observadores extranjeros, posiblemente estadounidenses, según relatan testigos como el profesor Raimundo Sebastião Aranha, de Colares. En la época de la dictadura militar se sabía que la CIA colaboraba con el Ejército brasileño.

El profesor contó a Daniel Rebisso Giese que los helicópteros a veces se lanzaban en persecución de los «chupa-chupas» y no pocas veces pasaron de cazadores a cazados. Según mi amigo, los militares le contaron que no hubo intento de atacar a los ovnis, aunque esto no se pueda afirmar con certeza. Sí hubo intentos de contacto radiofónicos que resultaron infructuosos.

En noviembre de 1977, cerca del río Guajará, en el interior de Pará, tres cazadores vieron una luz en forma de disco y en su parte inferior vieron cómo se formó una «puerta», de donde salió, flotando, una criatura de forma humana con una ropa semejante a la de un buceador. Con un objeto desconocido disparó un haz de luz sobre uno de los cazadores, que fue socorrido por los otros dos amigos y que partieron rápidamente en una lancha perseguidos por el ovni, que después desapareció en medio a la selva.

Durante dos semanas los militares se instalaron en la región, donde obtuvieron fotos impresionantes de los ovnis. Casos de avistamientos de humanoides como este fueron raros durante la oleada de los «chupa-chupa» y de dudosa verificación, según me dijo el mismo Daniel Rebisso.

Otro caso de humanoides fue publicado por el periódico *O Estado do Maranhao* en 1977, aludiendo a un hacendado llamado Joao Batista Souza que hubiera sido atacado por una criatura de un metro de altura. Esta, a través de una especie de linterna, le disparó un haz de luz violeta. En la otra mano llevaba un aparato no identificado. Según la descripción del mismo testigo, la criatura tenía el cuerpo «peludo» y llevaba un casco con antenas que le ocultaba el rostro.

El escritor Antonio Jorge Thor relató un extraño caso en su libro *Contactos con extraterrestres na Amazonia*, que le

Jorge Thor: haces luminosos en su tienda de campaña.

Ataques con haces de luz: ovnis agresivos en la Amazonia brasileña.

fue contado por una tal María Lopes, de la aldea Vila Gorete, situada a orillas del río Tapajós, cerca de la ciudad de Santarém (Pará), lejos de la costa del Atlántico.

—Vi un objeto aterrizar silenciosamente en la selva, aquí cerca. De su interior salieron dos hombres y una mujer..., que se acercaron a dos pescadores que estaban dormidos, posiblemente a causa de una resaca. Estaban tumbados en el suelo y no ofrecieron resistencia.

María Lopes y otros pescadores que vieron aquello quedaron paralizados.

—Al amanecer, los dos pescadores estaban muertos. En el corazón de cada uno estaban clavadas docenas de agujas, y en el bolsillo traían cinco mil cruceiros.

El pánico cundió entre los habitantes de la aldea que, en vano, esperaron la ayuda que solicitaron a las autoridades del Estado. Eso ocurrió en la primera semana de septiembre de 1979.

Según los habitantes, el extraño objeto volador aparecía todas las madrugadas en Vila Gorete. Se acercaba gradualmente de la selva hasta aterrizar en medio de un claro cualquiera. Dos semanas después de estas dos muertes, en el extrarradio de Belém aparecieron dos «bolas enormes y amarillas» que asombraron a los vecinos. Uno de los testigos dijo que vio a tres hombres cerca del lago Utinga, con ropas extrañas, de color bronce.

Foto de un ovni o «chupa-chupa» tomada por los miembros de la «operación Plato».

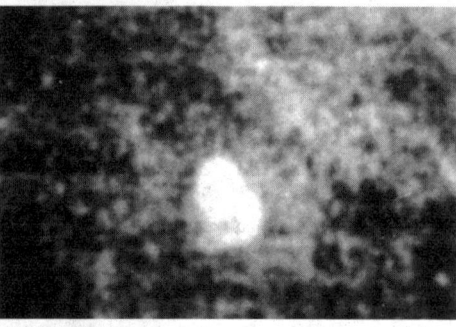

Ovni fotografiado por los militares brasileños en la Amazonia. Este material se encuentra clasificado en el Ministerio de la Aeronáutica, en Brasilia.

Los objetos fotografiados por la «operación Plato» tenían formas muy variadas.

Quizá no sea casualidad al comparar este caso con la leyenda de los «Kappas», entidades mitológicas japonesas que, según la leyenda, venían de una estrella lejana y poblaron los ríos y mares de Japón. Eran descritos por los nativos como hombres que usaban una ropa que les cubría el cuerpo y un extraño sombrero con antenas. Su piel era color cobre...

Thor cuenta su propia experiencia vivida en la Ilha do Algodoal, una isla que está en frente a la isla de Marajó, en la desembocadura del río Amazonas, también en el Estado de Pará:

—Creo que debían ser casi las tres de la madrugada, pues escuché el gallo cantar (en esta isla los gallos cantan a las tres de la madrugada, pues es la hora en que los pescadores salen al mar), cuando un fuerte zumbido retumbó en mis oídos y una luz, una suerte de haces luminosos paralelos, inundó mi tienda de campaña. Me sentí «pesado»; aun así, me levanté y salí de la tienda. Cuando miré hacia arriba, me quedé perplejo, al mismo tiempo que me agarró una violenta taquicardia, mis músculos se tensaron y no conseguía hablar: estaba observando fijamente una gigantesca nave, con luces multicolores que salían de todas las direcciones. Sin poder moverme o gritar, debo haber desfallecido, pues al poco rato no pude ver o sentir nada más. Cuando me desperté, estaba en mi hamaca, con mucho frío, destapado y con los pies mojados. El día ya despuntaba y algunas hierbecitas típicas de la región estaban entre los dedos de mis pies. Me pregunté inmediatamente: ¿Qué había ocurrido conmigo? ¿Dónde estuve? ¿Habría sido un sueño? ¿Por qué estoy con frío? ¿Por qué mis pies están mojados? No era sudor, con certeza. Intenté reconstruir todo, y la duda permaneció. No estaba con miedo, sin embargo una inquietud no me dejaba razonar con lucidez sobre lo sucedido. Me acordaba tan solo de la nave gigantesca, de aproximadamente ciento cincuenta metros de diámetro, del zumbido, de las luces sobre mi cuerpo.

Thor preguntó a los pescadores sobre la aparición de tal objeto, y uno le contestó:

—De madrugada yo vi una enorme bola de fuego pasar hacia aquella dirección y desaparecer.

Después de esta experiencia, Jorge Thor no podía tocar los relojes, pues estos se atrasaban, se adelantaban o se paraban. Al ponerse algún tipo de alhaja metálica, como pulseras de oro o anillos, estos le producían escozores y se oscurecían. Además, le apareció una huella circular y roja en su espalda que no era atribuida a la picadura de un mosquito.

* * *

La documentación existente sobre la «operación Plato» respecto a los «chupa-chupa» se encuentra celosamente guardada por los militares brasileños en un departamento del Ministerio de la Aeronáutica de Brasilia, el Condabra. Otra parte está en el Campo dos Afonsos, una importante base militar en Río de Janeiro y en la base de Alcântara, en Maranhão. Entre el vasto material recabado por los militares, figuran fotos de las víctimas de los ovnis, análisis y estudios médicos, películas de 8 milímetros en color y otros datos de los que los ufólogos ni siquiera se plantean. Hasta el momento las autoridades brasileñas no han dado señales de querer desclasificar este material.

—Lo más extraño —afirmaba Daniel, en una de las tantas noches que estuvimos charlando en Belém— es que algunos militares que participaron en la «operación Plato» sufrieron trastornos mentales e, incluso, llegaron a la locura. No me preguntes, pues no tengo respuesta para este hecho.

* * *

Casi dos años después de haber hablado con Daniel, ocurrió algo verdaderamente inquietante y fatídico. A finales de 1997 el ex comandante Uyrangê Bolívar Soares Nogueira de Hollanda Lima concedió una histórica entrevista para la revista brasileña *UFO* a su prestigioso director Ademar Gevaerd, y

El comandante Uyrangê Soares de Hollanda, jefe de la «Operación Plato», se suicidó una semana después de revelar públicamente varios secretos.
(Foto: Adhemar Gevaerd.)

al ufólogo carioca Marcos Petit. Reveló que él era el jefe de la «operación Plato» y una serie de impresionantes avistamientos. Una semana después se suicidó. ¿Era entonces cierto aquello sobre los disturbios mentales entre los que habían participado en las investigaciones militares en la Amazonia?

Casado en segundas nupcias, Hollanda vivía tranquilamente en la ciudad de Cabo Frío (Estado de Río de Janeiro), retirado, tras treinta y seis años de actividades militares. Fue jefe del Servicio de Operaciones e Información y coordinador de Operaciones Especiales en la Selva. He aquí algunas de las nuevas revelaciones sobre uno de los fenómenos más extraordinarios de la historia de la ufología publicadas por la revista *UFO*:

> Yo era escéptico al respecto [sobre los ovnis]. Yo no podía hablar. Y tampoco tenía ganas. Hablé con varios ufólogos, entre ellos el general Uchoa, y fui buscado por personas de Estados Unidos, incluso por Bob Pratt. Hablamos mucho en *off*. Mi posición como militar pondría al Ministerio de la Aeronáutica en una situación difícil de explicar; además, había sanciones para quien tratase el asunto sin autorización. Yo no tenía autorización de mi comandante, y mucho menos del ministro... En esa época era solamente un capitán y recibía órdenes.

Nosotros teníamos un equipo —explicaba el ex comandante—, del cual yo era el jefe. Teníamos cinco agentes, todos sargentos, que trabajaban en la segunda sección del Comando Aéreo Regional de Belém, en el Estado de Pará. Además de muchos informantes, teníamos personas en los lugares de las apariciones que nos ayudaban. Yo, a veces, dividía el equipo en dos o tres posiciones de observación en la selva. Estábamos siempre en contacto por radio.

Era siempre la misma cosa: una luz venía de la nada y seguía a alguien, generalmente una mujer, que era herida en el seno izquierdo. A veces eran hombres que se quedaban con marcas en los brazos y en las piernas. De cada diez casos, eran más o menos ocho mujeres y dos hombres.

La primera señora que entrevisté en Colares (pueblo de pescadores en Pará) me contó cosas absurdas [...] ella

Ademar Gevaerd, director de la revista UFO, *entrevistó al comandante Uyrangê poco antes de su suicidio.*

Bob Pratt, el gran ufólogo estadounidense, llegó a viajar con Uryrangês por Pará en busca de testigos del «chupa-chupa».

tenía realmente una marca en el seno izquierdo. Era marrón, como si fuera una quemadura, y tenía dos puntos de perforación [...] tumbada en la hamaca vio que las tejas empezaron a enrojecerse, de color brasa. Enseguida se quedaron transparentes y pudo ver el cielo a través del tejado. Era como si las tejas se hubieran transformado en cristal [...].

[...] Un ciudadano me buscó para contarme que cerca de su casa había aparecido una luz que lanzó un rayo brillante hacia él. Se quedó tan aterrado que corrió para dentro de la casa, cogió una escopeta y apuntó hacia la luz. Entonces vino otra aún más fuerte y le hizo caer. El pobre hombre pasó quince días con problemas musculares [...]. Parece que la naturaleza de esa luz es una energía muy fuerte que deja a las personas sin movimiento [...]

En la isla del Mosqueiro, en la Bahía do Sol (Estado de Pará) [...] apareció una luz procedente del norte, en dirección nuestra, y se acercó. Se detuvo por algunos momentos, hizo un círculo alrededor de donde estábamos y se marchó. Era impresionante [...] fue en noviembre de 1977, en el inicio de la operación. El objeto poseía una luz que parecía un soldador de metales, como un soldador eléctrico [...].

[...] En muchas de las fotografías no aparecían las luces de los objetos, pero sí su parte sólida, quizá en función del tipo de emisión de ondas electromagnéticas, no sé. Hicimos más de quinientas fotografías [...], logramos fotografiar objetos grandes y de formatos que nosotros éramos incapaces de imaginar [...].

[...] Había un cura estadounidense, Alfredo de la O, párroco de Colares y que hablaba de una sonda que había visto varias veces. Según Alfredo, era más o menos del tamaño de un tambor de aceite de 200 litros. Esta sonda presentaba vuelo irregular [...] volaba oscilando de un lado a otro y despedía una luz. A veces volaba junto con otras que se movían de un punto a otro [...]. Un día esta sonda se acercó a nosotros [...]

Parecía que nos buscaban [los ovnis], pues cuando menos esperábamos estaban sobre nosotros. A veces el

Portada de la revista brasileña UFO, número 54, última entrevista al comandante Uyrangê revelando los avistamientos de ovnis en la Amazonia.

equipo se desplazaba de un sitio a otro y ahí iban ellas, acompañándonos casi todo el tiempo, como si supieran de nuestros movimientos [...].

[...] Todos los que veíamos los ovnis perdimos un poco la capacidad visual. Con el tiempo la visión se acortó aún más, y tuvimos que usar gafas [...].

[...] Un día, junto con Milton Mendonça, llegamos a la Bahía del Sol hacia las dieciocho horas y montamos el campamento... hacia las diecinueve horas había una cosa enorme sobre nosotros. Era un disco negro, oscuro, parado, a no más de ciento cincuenta metros de altura [...] tenía una luz en el medio, entre el amarillo y ámbar. Emitía un ruido semejante a la correa de una bicicleta cuando se pedalea al revés. Aquella cosa era grande, quizá unos treinta metros de diámetro. Miramos aquello durante un buen rato, hasta que empezó a emitir una luz amarilla muy fuerte, que clareaba el suelo, repitiendo eso en intervalos muy cortos unas cinco veces [...].

* * *

Me gustaría transcribir en estas páginas uno de los informes redactados por los militares involucrados en la «operación Plato», vinculados al Primer Comando Aéreo Regional de Belém (Pará) del Ministerio de la Aeronáutica:

MINISTERIO DE AERONÁUTICA
1.ᴱᴿ COMANDO AÉREO REGIONAL.

Comentarios

Cumpliendo con lo que determina el departamento A2, el Equipo de Operaciones, constituidos por los agentes 1S MT Flávio, 2S HAV Almeida y 3S DT Pinto, se desplazó para cubrir el área de los municipios de Vigia, Colares y Santo Antonio do Tauá, recorriendo varias lugares y poblados, con el objetivo de, a través de la búsqueda intensiva de informaciones, aunada a las observaciones y registros (cinefotográficos) efectuados por los miembros del Equipo:

Aclarar lo que realmente existe sobre las apariciones y movimientos, en nuestro Espacio Aéreo Inferior, de los llamados Objetos Voladores No Identificados (OVNI), vulgarmente denominados «luz», «objeto», «aparato», «bicho», «chupa-chupa» (invención de la prensa regional, irresponsabilidad y falta de respeto al público) y abreviado por la gente simple del interior como «chupa».

El Equipo oyó a los testigos oculares y personas que dicen haber sido «alcanzadas» por un «haz de luz», procedente de un Cuerpo Luminoso de origen y características desconocidas; tales personas, de diferentes niveles culturales (pescadores, labriegos, médicos, aviadores, padre y físico), identificados por sus relatos.

En cuanto a la parte técnica, el Equipo trabajó dentro de sus limitaciones y las que permitían el equipamiento, añadiéndose una buena dosis de voluntad de personas desinteresadas.

Lamentamos no haber llegado a una conclusión plenamente satisfactoria, sobran dudas y falta explicación para algunos detalles en los casos (muchos), abajo relacionados:

Raimundo Francisco das Chagas, edad 36 años, semianalfabeto.
22 de septiembre de 1977, a las 21.30 horas:

Volvía de la Vila de Santo Antonio do Tauá hacia su residencia (ramal km 12 PA-16), situado a 6 kilómetros de la carretera. Caminaba a pie, fumando sosegadamente, cuando percibió que una «luz» amarillenta, bastante fuerte (tamaño comparado a una luz de automóvil), bajaba de lo alto hacia su dirección. Corrió, abandonó el sendero y se metió en la selva, perseguido por la «luz»; en determinado punto, al toparse con un matorral de tucumãs (palmeras con espinos), allí se echó, permaneciendo inmóvil.

El «aparato» seguía buscándolo, emitía destellos azulados orientados a diversas direcciones, destellos que comparó [el testigo] a una linterna muy potente. No logró observar la forma del aparato, por estar muy amedrentado; no oyó ruido fuerte producido por el objeto en desplazamiento, percibió leve silbido que recuerda al de una bomba de regadío existente en una finca próxima. El aparato se desplazó a baja altura rumbo a la Vila (NW), inicialmente procedía el naciente hacia el poniente (E/W). Perdió todas sus compras. Sintió un leve aturdimiento que duró algunos días.

Manoel dos Santos, edad 40 años, instrucción primaria (3.º).
12 de octubre de 1977, a las 23.30 horas:

Se encontraba en el interior de su residencia, junto con sus hijos menores, durmiendo con las luces [candelero] apagadas; habiéndose despertado a la hora referida notó extraña luminosidad en el interior de su vivienda de origen desconocido, que penetraba por el tejado; que intentó levantarse y no pudo, sintiéndose paralizado; quiso gritar, para pedir auxilio, y no lo consiguió. Algunos minutos después logró levantarse y hacerse oír por sus vecinos, que acudieron en su auxilio. Manoel pasó casi ocho días con el lado izquierdo del cuerpo adormilado y ronco. Dijo que ya había observado el paso de «luces» a baja altura delante de su residencia sin producir ruido alguno, diferentes de los aviones; las «luces» casi siempre venían de la dirección donde sale el sol; su velocidad era variable, llegando a veces a parar, y aumentan bruscamente la velocidad y desaparecen rápidamente.

Amelia Martins da Silva, edad 77 años, alfabetizada.
2 de septiembre, a las 22.00 horas.

Caminaba de São Antonio do Tauá hacia su residencia (km 19, Rdo. PA-16) en compañía de una de sus hijas,

Odete, para alcanzar unos dos kilómetros más adelante la Vila, percibió que venía a su derecha, y delante, una «luz» de color amarillo-rojizo, de brillo muy intenso (comparado a los faros de un coche). Inicialmente la «luz» se desplazaba cortando la carretera en diagonal, bruscamente cambió de dirección (45°), y vino directamente en su dirección. Doña Amelia y su hija, rápidamente cruzaron hacia el arcén, a la izquierda, buscando cobijarse debajo de un árbol (jambeiro); al acercarse el «aparato», este le pareció a Amelia un objeto de cristal, de color azulado, con una pequeña luz de color rojo en la parte superior; dijo que el aparato, tras parar por algún rato, se movió con baja velocidad, volviendo al rumbo original (de E/SO), y enseguida efectuó una curva suave hacia la izquierda y pasó a acompañar el sentido de la carretera hacia Vigía/Belém. Doña Amelia no sintió anormalidad física, ni quedó amedrentada, creyó que el aparato era muy bonito y afirmó que le gustaría ver de nuevo lo que había visto. Su altitud era de treinta metros.

Descripción del objeto:

Medía un metro y treinta centímetros (comparado a una mesa existente en su residencia) de largo por un metro de altura, forma redondeada, como un plato invertido con remarcada protuberancia (pico) de donde salía una luminosidad rojiza, y a su alrededor un color azulado de donde provenía fuerte luminescencia dando la impresión de ser transparente. No percibió formas humanas o similares en el interior del aparato. Su desplazamiento se hacía a baja velocidad; no obstante, algunas veces aceleraba hasta alcanzar la velocidad de un avión reactor.

Doña Amelia es bastante lúcida a pesar de su edad, y fue muy firme en su relato.

* * *

En otra hoja de los documentos, aparece lo siguiente:

II. Parte informativa

Al llegar al lugar (Santo Antonio do Tauá), fuimos informados que el señor Manoel Joaquim de Freitas Marques (contacto), no reside en la ciudad, viene esporádicamente a Santo Antonio do Tauás, puesto que su domicilio está en la ciudad de Belém.

Al mantener contacto con un informador local (señor Antonio), hizo un relato somero de los hechos que vienen ocurriendo en la localidad de Santo Antonio do Tauá, acompañando a los miembros del Equipo hasta las personas directamente involucradas en el asunto.

Escuchadas las siguientes personas:

Manoel Espírito Santo, edad 20 años, instrucción primaria.
12 de octubre de 1977, a las 23.30 horas:

Se encontraba delante de su residencia junto con algunos amigos (Julio, Paulo, Deca y Carlito) cuando percibió una luz amarillenta que se desplazaba en sentido E/O (naciente/ponente), disminuyendo la velocidad y casi parando a unos veinte metros del grupo; dijo que percibió entonces que la «luz» era tripulada por dos elementos de apariencia humana, y el «hombre» ocupaba el lado izquierdo y la mujer el costado derecho del «aparato», ambos llevaban gafas (formato diferente) y equipo de intercomunicación; el individuo de la izquierda llevó las manos a las «gafas», como si estuviera observando más detenidamente al grupo de personas; en el mismo momento el otro, a través de un tubo existente a un costado, orientó un haz luminoso de color rojo hacia el grupo; fue alcanzado directamente, sintió fuerte calambre (como una descarga eléctrica) que empezó por los pies hasta la cabeza; enseguida se sintió paralizado (inmovilidad de los miembros inferiores y superiores) y semi-insconsciencia. El aparato se apartó gradualmente aumentando su velocidad; Manoel volvió a moverse, pero se sintió aturdido durante algunos minutos.

Descripción del objeto: A lo lejos parecía una estrella de color amarillo-rojizo; cambiaba de color del amarillo claro hacia el rojo; cuando estuvo más cerca, se observó una luminosidad azulada en la parte frontal superior. Tiene la forma de un barril, con un tubo de menor diámetro (rojizo) delante y otro más fino a un costado (45°) que tiene como finalidad emitir el haz de luz azulado. Tamaño aparente: 1,20/1,40 metros; ofrece la idea de transparencia (parte luminosa azulada) con una división entre sus tripulantes.

Desplazamiento: ascensión recta, con movimiento pendular (como una hoja al viento) hasta alcanzar determinada altura, velocidad variable (impulsos), con cambios bruscos. Descenso recto no pendular y el tubo de mayor diámetro como freno. Se mueve después de ganar altura, teniendo por delante un «tubito» de menor diámetro que emite una luz azulada, lo mismo ocurriendo durante la subida. No produce ruido fuerte, aunque se oyera un ruido semejante al de un dínamo de bicicleta.

Gafas: forma protuberante.

Intercomunicadores: par de auriculares, con un arco metálico circulando la cabeza.

* * *

El relato de los avistamientos de Wellaide Cecim Carvalho aparece en los informes secretos realizados por los militares. Entonces tenía veinticuatro años y sucedieron el 16 y 22 de octubre de 1977 a las 18.30 y 19,30 horas, respectivamente. Transcribo literalmente las palabras del informe:

La doctora Wellaide afirmó haber visto y observado en los días y horas respectivamente mencionados: objeto luminoso (brillo metálico), evolucionando sobre la entrada de la ciudad (playa do Cajueiro) NE, a baja altura (100 metros), a distancia estimada de 1.500 metros, sin producir el más mínimo ruido. Describió los objetos de esta manera: forma cónica-cilíndrica (parte superior más estrecha), tamaño aparente en función de la distancia 3 metros de largo por 2 metros de diámetro; moviéndose de manera irregular (posición vertical en función de su eje longitudinal), balanceos laterales acentuados; sin embargo, alguna vez que otra efectuaba ligeras paradas y daba una vuelta sobre sí mismo. Dijo haberlo observado nítidamente, estando en la citada ocasión en compañía de otras personas delante de la Unidad Hospitalaria local.

Y seguía el informe:

Entrevistada por elementos del Equipo, entre otras afirmaciones, dijo que: a fin de preservar su reputación ético-profesional, rehusó hacer una comunicación más completa con referencia a las personas que se decían atacadas por un «haz de luz» de procedencia desconocida (atendió cuatro casos). Dijo que, amén de crisis nerviosas, sus pacientes presentaban otros síntomas, tales como: parálisis (inmovilización parcial del cuerpo) y las zonas alcanzadas son las extremidades. Sus pacientes refieren: cefalea, astenia, mareos, temblores generalizados y, lo que señala más importante son las quemaduras de primer grado, al igual que marcas de microperforaciones. Según el sexo, los hombres sobre el cuello (juglar) y la mujeres en el seno (un solo caso). Pidió discreción al expresar su opinión personal; cree en la veracidad de los hechos que ocurren en la región; no pone en duda las probables consecuencias que, en el futuro, se presenten en las personas afectadas... Tiene en su poder un comunicado dirigido al señor secretario de Salud del Estado, que no llegó a entregar para evitar así ser ridicularizadas (ver grabación).

Documento Oficial
Este é o relatório da "Operação Prato", desenvolvida sigilosamente pela FAB

res),aproximadamente à hora acima referida,observou um objeto luminoso (parecia um balão),que se deslocava a baixa altura,digo a média altura,cruzando a baia no sentido SE/NW,de cor amarelo avermelhada;Marcelino observou o objeto por algum tempo sobre a Ponta do Bacuri,inicialmente julgou que estivesse completamente parado.

DATA/HORA - 05 Nov 77, às 01:00 horas. (estimada).

Observou um objeto luminoso,em deslocamento sobre a baia,a baixa altura (600m),de cor amarelo avermelhada sem brilho,não fazia o menor ruído,seu deslocamento era feito do rumo de Joanes/Baía do Sol (W/SE),ao atingir a praia já do lado de Colares,passou a acompanhar o traçado da costa,até pouco antes da Ponta do Machadinho,onde aumentou a velocidade subindo desapareceu no alto.

DATA/HORA - 05 Nov 77, às 03:00 horas. (estimada).

Observou um objeto ou corpo luminoso procedente do sul (clarão de Belém),que a baixa altura se deslocava sobre a água; ao chegar em frente ao farol de Colares desceu n'água; em seguida um barco,digo,surgiu um feixe de luz que a princípio julgou ser um barco, tentou localizar o corpo luminoso que havia descido na água; afastou a possibilidade de ser uma embarcação porque não distinguiu forma; a luminosidade afastou-se rumo Norte,sendo avistado seu clarão até às 05:30 horas (estimada).

- AMIN BENJAMIN,idade 56 anos,instrução primária.

DATA/HORA - 07 Nov 77, às 05:20 horas .

Em sua residência (Santo Antonio do Ubintuba),observou a passagem de um objeto luminoso,de cor azul claro, deslocando-se a baixa altura (40m) pouco acima dos açaizeiros,vindo do rumo de Belém (SW)para Colares (NE),formato de um cilindro ovalado,desenvolvia velocidade / média,não distinguiu detalhes em virtude do brilho que irradiava do aparelho, afirma que não era um avião,pois pela altura e distância / que passou teria ouvido a zuada (SIC).O deslocamento do aparelho se fazia com impulsos e não em linha reta,deixa um pequeno rastro luminoso.

RELATOS DE POPULARES

DATA/HORA - 27 Out 77,às 00:15 horas (estimada). - Objeto luminoso deslocando-se a baixa altitude,sobre a varzea da cidade (SE), sem fazer ruido,inicialmente com baixa velocidade,aumentou repentinamente desaparecendo no alto.Elementos da Equipe; não confirmado devido,atrazo em chegar ao local.

DATA/HORA - 27 Out 77, às 04:05 horas. - Objeto luminoso,deslocando-se a baixa altura (abaixo do nível das árvores mais altas); Observadores postados em local bastante alto (caixa d'água),nada observaram.Informe recebido de duas testemunhas.

Informe de la «operación Plato» donde se recoge el testimonio de los avistamientos de ovnis en Pará.

* * *

Los documentos de la Aeronáutica brasileña también mostraban el caso del labriego Manoel Matos de Souza, alias «Coronha», ocurrido en la aldea de Monte Serrado (municipio de Santo Antonio do Tauá). El día 20 de octubre una luz intensa que penetraba por los resquicios de su choza, despierta a este hombre hacia las dos de la madrugada. Al abrir la puerta se topó con un objeto volador en cuyo interior se movían dos criaturas.

Caso Coronha: intentó disparar contra un ovni y fue paralizado.

Tenía la forma de un «horno» (de harina) con un «pico» arriba de color azulado y unas bandas negras en la parte inferior. Su diámetro no sobrepasaba el metro y medio y no hacía ruido fuerte; su movimiento era giratorio, «como si fuera una rueda».

Coronha volvió a su dormitorio y regresó al exterior con una escopeta con la que intentó disparar contra el ovni. Se quedó boquiabierto al percibir que el arma no funcionaba a la vez que sentía su cuerpo paralizarse paulatinamente. No pudo volver a trabajar durante algunos días. Estuvo en cama y sentía el sistema nervioso debilitado (temblores).

Otros informes de la «operación Plato» mencionaban al sacerdote Alfredo de la O, de cuarenta y ocho años, con «instrucción superior» (medicina, física, mecánica y teología) que, el día 13 de octubre de 1977, en Colares, sobre las 3.25 horas de la madrugada se despertó a causa de los ladridos de los perros cercanos a la parroquia. El padre observó un objeto luminoso que se desplazaba del mar hacia la tierra a una altura de unos veinte metros.

El padre Alfredo se hallaba a unos 75 metros del punto más cercano a la trayectoria del objeto volador, cuyo tamaño no superaba el de la «boca de un tonel», es decir, poco más de medio metro. La parte superior del objeto emitía una luz roja y en la parte inferior despedía una luz azulada muy intensa, que iluminó todo el terreno por donde pasó.

Capítulo 6

El caso de las «máscaras de plomo»

Los policías de la segunda comisaría de Niterói jamás se hubieran imaginado que las noticias que les llegarían aquel final de la tarde del sábado 20 de agosto de 1966 les iban a quitar el sueño. A Jorge da Costa Alves, un muchacho de dieciocho años, le costaba articular las palabras para contar a los policías lo que había visto. Un poco más calmado, reveló que, mientras buscaba una cometa entre los matorrales del cerro de Vintém, se topó con un espectáculo dantesco: dos cadáveres tendidos de espaldas sobre una suerte de cama hecha con hojas de una palmera (pintoba).

Al caer la noche, la policía, a sabiendas de que la zona era peligrosa a causa de los narcotraficantes y de otros individuos de mala vida, pospuso para el día siguiente, un domingo, el rescate de los cuerpos.

¿Quiénes eran las víctimas y en qué circunstancias murieron? Fue lo que ciertamente pensó el comisario Oscar Nunes, un avezado combatiente de las fuerzas del mal que ya entonces acechaban Niterói —pero no con la intensidad de hoy en día, una ciudad dormitorio situada al otro lado de la bahía de Guanabara, enfrente de la ciudad de Río de Janeiro. El comisario aún no sabía que en pocas horas tendría entre sus manos uno de los «expedientes X» más importantes y enigmáticos de la historia.

El cerro Morro do Vintém es, incluso hoy, un lugar de difícil acceso. En 1966 solo algunas chozas rodeaban aquella montaña de forma curiosa, cubierta de tupida vegetación tropical. Con ayuda de los bomberos, los policías subieron por la pendiente en la mañana del 21 de agosto. Armados con machetes para abrirse paso entre la vegetación, tardaron casi dos horas en llegar al lugar del suceso.

Nunes, acostumbrado a todo tipo de crímenes en la violenta región de Guanabara, frunció el ceño ante la escena que tenía delante de él. Los cuerpos de los dos hombres ya se encontraban en avanzado estado de descomposición, tumbados plácidamente uno al lado del otro, de espaldas, uno de ellos con una extraña y tosca máscara de plomo sobre el rostro —más bien un antifaz— y la otra máscara caída en el suelo. Estaban semicubiertos por la maleza y vestían, sobre los trajes limpios, chubasqueros de plástico.

Las víctimas llevaban sus documentos, lo que permitió identificarlos. Se trataba de Miguel José Viana, de treinta y cuatro años, y Manuel Pereira da Cruz, de treint ay dos años, ambos técnicos en electrónica, casados y residentes en la ciudad de Campos dos Goytacases, a 279 kilómetros al norte de Río de Janeiro.

La máscara cubría la cara de Miguel y su amigo portaba una bolsa de plástico atada en el interior de los pantalones con

Manuel Pereira da Cruz, de treinta y dos años: ¿asesinato o suicidio?

Miguel José Viana, de treinta y cuatro años, encontrado muerto al lado de su amigo Manuel da Cruz.

157.600 cruceiros antiguos (70 dólares). Los dos estaban bien vestidos y guardaban los billetes de autobús que indicaban que habían llegado a Niterói cuatro días antes, el 17 de agosto.

* * *

Lo primero que los policías y bomberos observaron al rescatar los cuerpos —y depositarlos en camillas— fue que no presentaban rastros de sangre ni señales de violencia. Pero el misterio se agrandó cuando se encontraron cinco papelitos con misteriosos apuntes o mensajes garabateados, junto a una botella de agua.

Uno de los mensajes decía lo siguiente:

> **«16.30 minutos, estar en el lugar determinado. 18.30 minutos, ingerir cápsula. Después del efecto, esperar señal. Máscara».**

Otro papel presentaba una fórmula. Posteriormente, un profesor de ingeniería electrónica percibió que se trataba de la ley de Ohm, que representa la energía movida por una resistencia. Posteriormente un informe grafotécnico reveló que los escritos eran de puño y letra de Miguel José Viana.

Pero aún había más vestigios inusuales junto a los cadáveres. Un pañuelo con las iniciales AMS, una hoja de papel azul y blanco medio aplastado y cuadraditos de papel celofán impregnados de una sustancia desconocida. Los relojes metálicos de pulsera se encontraban guardados en los bolsillos.

Los policías se llevaron los cuerpos a Campos, donde recibieron sepultura en el cementerio local no sin antes realizarles la autopsia en el Instituto Médico Legal. Antes de hablar de los resultados de esta investigación, veamos lo que los investigadores recabaron en sus conversaciones con los parientes, amigos y conocidos de Miguel Viana y Manuel da Cruz.

Supieron que los dos eran buenos profesionales —arreglaban radios y otros aparatos eléctricos en un pequeño taller— y fueron los autores de un estudio de recepción de señales televisivas en Campos en 1965 que conllevó la instalación de antenas de retransmisión.

* * *

La policía trató de reconstruir el itinerario de los dos amigos antes del triste desenlace. Miguel y Manuel salieron de Campos a las nueve de la mañana del miércoles 17 de agosto, rumbo a Niterói, en un autocar. Dejaron un mensaje a sus familiares avisando que pretendían ir a São Paulo para comprar un automóvil y algunos equipos electrónicos. Llevaban casi 2,3 millones de cruceiros, entonces más de 1.000 dólares.

El autocar llegó a Niterói a las dos de la tarde bajo la lluvia. En una tienda compraron dos chubasqueros y en un bar una botella de agua. Hacia las 15.15 horas enfilaron en dirección al morro do Vintém, donde fueron vistos con vida por última vez a las cinco de la tarde.

¿Qué motivos condujeron a la muerte a los dos amigos técnicos en electrónica? De los 2,3 millones de cruceiros que su-

Reportaje de la revista O Cruzeiro, del 4 de mayo de 1968, donde se exponían nuevos enigmas del caso de las máscaras de plomo.

Arriba: *Cuerpos de los dos amigos, tal como fueron encontramos en la cima del Morro do Vintém.*

Derecha: *Los bomberos examinan el cuerpo de una de las víctimas.*

Los bomberos de Niterói preparan los cuerpos para el transporte.

Bomberos cariocas llevan los cuerpos en ataúdes hacia la base da la montaña.

puestamente llevaban —según el mensaje dejado— solo quedaban 157.000. Si hubo robo, ¿por qué no había señales de lucha? Se pensó que los dos eran espías o contrabandistas, pero nada indicaba que ejercieran este tipo de actividades. ¿Y por qué dejaron tantas pistas enigmáticas?

Los peritos dieron varias explicaciones. Una de ellas consideraba que la muerte se debía a un pacto entre los dos, puesto que podrían ser homosexuales, es decir, nos encontraríamos ante un doble suicidio. Hay que aclarar que el Morro do Vintém era entonces un lugar de citas entre *gays*.

Sin embargo, las investigaciones mostraron que no era así. Además, gozaban de una vida equilibrada, tranquila económicamente y sin problemas familiares.

¿Sabían que iban a morir en el Morro do Vintém? Los investigadores pensaron que no por un motivo: cuando compraron la botella de agua en un bar de Niterói, poco antes de subir al cerro, pidieron el tique de la compra para después exigir la devolución del dinero retenido por el envase de cristal, algo que todavía se estila en varias regiones de Brasil. Este no es un procedimiento de quienes esperan una muerte anunciada.

* * *

En 1997 el veterano y popular periodista brasileño Saulo Gomes me invitó a participar en un programa radiofónico de ámbito nacional que entonces realizaba junto con el decano de ufología brasileña Flávio Pereira, y el prestigioso escritor y parapsicólogo André Carneiro. Antes de entrar en el estudio, pregunté a Saulo sobre el caso de las máscaras de plomo, puesto que él había estado sobre la pista de los sucesos.

—Hablando con los policías, estos me contaron que había dos tipos de sospechas. Una recaía sobre la compra de aparatos electrónicos sofisticados para la realización de sus experimentos. Quizá por eso habían ido al Morro do Vintém, para comprar algún equipo a los contrabandistas que en aquel tiempo ya actuaban por aquellos pagos. También se sospechó que los dos fueran espías, pero no se encontraron pruebas de conexiones con grupos organizados nacionales o internacionales. Sin embargo, lo que más inquietó a la policía fue el hecho de determinar la causa de la muerte de las víctimas.

—¿Qué me puede decir sobre la posibilidad de que Miguel y Manuel pertenecieran a una secta secreta?

—Los dos amigos realizaban extraños experimentos mediúmnicos en sus casas en la playa de Atafona, en Campos y en Macaé. Intentaban contactos mentales con otros mundos o con fuerzas sobrenaturales. También realizaban experimentos peligrosos. El padre de uno de ellos enseñó a la prensa un agujero en el patio de la casa provocado por una explosión. No se aclaró el motivo. La policía recogió vestigios de estas bombas domésticas, como tubos galvanizados, cables y pólvora.

Según Saulo Gomes, meses después la policía encontró un sospechoso. Era Elcio Correia Gomes, amigo cercano de los dos fallecidos, que confesó que los tres realizaban «experimentos paranormales». Elcio dijo ser médium, pero el comisario que le arrestó lo tachó de farsante.

De izquierda a derecha: André Carneiro, Villarrubia, el periodista Saulo Gomes —que investigó el caso de las «máscaras de plomo»— y el decano de ufología brasileña Flavio Pereira, en un programa de radio en São Paulo.

La policía carioca detiene a un sospechoso del asesinato de los técnicos, el médium Elcio Correia Gomes.

Aun así, el policía condujo a Elcio Correia a la casa del doctor Silvio Lago, ilustre investigador del fenómeno ovni —actualmente fallecido—, para ser sometido a una hipnosis regresiva con la intención de descubrir si ocultaba datos.

Silvio Lago se negó a hipnotizarlo alegando que sólo lo haría bajo el consentimiento de la persona para no vulnerar los derechos del ciudadano.

El comisario Venâncio creyó entonces que Elcio era el culpable. Aducía que el arrestado era «umbandista». La umbanda es una religión afrobrasileña que mezcla el espiritismo kardecista, catolicismo y religiones africanas. El comisario añadía que Elcio embaucó a Miguel curándole, supuestamente, el asma. Este arrastró a su amigo Manuel a las sesiones mediúmnicas organizadas por Elcio en una confusa mezcla de elementos de la brujería y de la electrónica.

Los padres de Manuel le habían aconsejado no mantener contacto con Elcio Gomes, puesto que sospechaban de sus timos: sabían que el umbandista había pedido dinero prestado a Miguel sin devolvérselo.

Pero las sospechas recaídas sobre Elcio, o por lo menos su implicación directa en el crimen, cayeron por tierra: había testigos de que el hechicero no salió de la ciudad de Campos el día 17 de agosto, posible fecha de la muerte de los dos amigos.

No obstante, el detective Saulo Soares de Souza sospechó que había aún otro hombre, todavía oculto, quien posiblemente dio las órdenes a las dos víctimas. Pero hasta hoy nadie descubrió quién podía ser este otro hombre. El detective también sospechó que el motivo del viaje a São Paulo no debía ser la compra de un automóvil.

Otra incógnita: ¿A quién pertenecía el pañuelo con las iniciales AMS? Saulo Soares llegó a la conclusión de que se referían a Alexandre Monteiro da Silva, conocido farsante, alias «Conde Ramayana». En la fecha del crimen estaba preso en Niterói acusado de varias estafas perpetradas contra infelices crédulos de sus hechizos y brujerías.

* * *

Los cadáveres de Miguel y de Manuel presentaban un color rosáceo, quizá debido a las quemaduras, pero era difícil evaluarlo en función del avanzado estado de descomposición en que fueron encontrados. Algo era cierto: al no estar carbonizados, no pudieron ser víctimas de una descarga eléctrica, como un rayo.

Uno de los médicos forenses declaró que los hombres habían muerto por causas naturales, posiblemente un ataque cardiaco. El examen de las vísceras no mostró señales de veneno. Además, podrían haber muerto entre el martes 16 de agosto y el sábado 20 de agosto de 1966.

Sobre las mencionadas cápsulas que los dos víctimas debieron ingerir —según los mensajes escritos— no se encontró rastro de su existencia.

Una segunda autopsia reveló que los cuerpos no tenían señales de haberse pinchado con agujas de jeringuillas hipodérmicas. El detective Saulo Soares de Souza recurrió a un experto de la Academia de Policía de Río de Janeiro, el técnico norteamericano de apellido Eckard, que pertenecía al FBI.

Eckard sugirió que los cuerpos deberían ser sometidos al bombardeo de neutrones. El detective Saulo solicitó el permiso de exhumación de los cuerpos de las dos víctimas a las autoridades judiciales y lo hicieron el 23 de agosto. Luego se enviaron muestras de cabello al Instituto de Energía Atómica de São Paulo y fueron sometidos al bombardeo de neutrones, cuyo análisis se denomina «activación por neutrones». Los cuatro elementos medidos —arsénico, mercurio, bario y talio— presentaban niveles normales. Así, la *causa mortis* seguía sin descubrirse.

* * *

El Morro do Vintém es hoy un lugar temido incluso por la misma policía carioca. Dominado por «favelas» (barrios de casas paupérrimas) y por los agentes del narcotráfico, allí se siguen perpetrando todo tipo de delitos.

Cuando el historiador y ufólogo nipobrasileño Claudio Suenaga y yo llegamos a Río de Janeiro para recabar más pistas sobre el caso, buscamos a la profesora Irene Granchi, una de las decanas de ufología brasileña, que dedicó su tiempo a investigar el caso de las máscaras de plomo, como pasó a denominarse.

En 1972 yo estaba en Campos investigando la aparición de un ovni sobre el estadio de fútbol de Goitacases, cuando el editor de un periódico me invitó a su despacho. Allí me dijo que los dos hombres habían realizado experimentos secretos cerca de Campos, una mezcla de electrónica y rituales mágicos. El editor creyó que, como consecuencia de tales experimentos, hubo una explosión que se oyó en un radio de varios kilómetros y que hizo estallar los cristales de las ventanas de muchas casas.

Entonces —seguía contándonos Irene Granchi en su casa del residencial barrio de Laranjeiras— el editor se convenció de que la causa de la muerte de los dos hombres era científica y no criminal.

¿Qué relación tenían los experimentos con la enorme explosión? Más tarde verificamos que la explosión tuvo lugar en la playa de Atafona, el 13 de junio de 1966, poco más de dos meses antes de la muerte de los técnicos.

Según el catálogo ufológico de Jacques Vallée, hubo otra explosión el 10 de mayo del mismo año. El público de un cine fue preso del pánico cuando explotó un objeto desconocido, lo que hizo creer a los espectadores que se trataba de un terremoto (inexistentes en esta región). Según la policía, en el lugar del incidente quedó un olor a azufre y se encontró una huella de 25 centímetros de profundidad por 35 centímetros de ancho.

Vallée también nos habla de otra explosión en su libro *Confrontations* (1990), ocurrida el 13 de junio de 1966 en la playa de Atafona, en Campos. Allí estuvieron Miguel, Manuel, Elcio y un amigo llamado Valdir que testimoniaron la explosión en el cielo de un objeto luminoso, como si fuera un destello deslumbrante. Pescadores de la región dijeron ver un platillo volador que cayó en el mar. El estruendo fue tan fuerte que se oyó en toda la ciudad.

Percibimos que la octogenaria se sentía incómoda —¿quizá con miedo?— al hablar sobre el caso. Tal vez tuviera sus motivos, pues, según el detective Saulo Soares, por lo me-

Sebastião da Cruz y el agujero dejado por una de las explosiones practicadas por los técnicos en Campos.

Uno de los papeles encontrados junto a los cadáveres con enigmáticas instrucciones.

La veterana ufóloga Irene Granchi, en su residencia de Río de Janeiro: explosiones e intrigas.

nos nueve personas involucradas directa o indirectamente en el caso tuvieron muerte violenta o misteriosa.

Luego, Irene nos confirmó una posible vinculación ufológica de los sucesos.

—Curiosamente, Gracinda Barbosa Coutinho de Souza, una mujer bien situada económicamente, ya que su marido era miembro de la Bolsa de Valores, reveló al comisario Venâncio Bittencourt que, en la noche del miércoles 17 de agosto, había visto algo raro sobre el Morro do Vintém mientras viajaba en su automóvil con sus tres hijos. Era un objeto de forma oval, rodeado por un aura de fuego y que despedía rayos azules hacia varias direcciones. Eso ocurrió entre las 19.20 y 19.30 horas. Su hijita hizo un dibujo de este objeto que también vieron sus hermanos. Subía y bajaba emitiendo un rayo azul exactamente sobre la cima del cerro. Más tarde otras personas confirmaron el avistamiento y no quisieron ofrecer su testimonio por temor al ridículo.

—¡Es el mismo día en que los dos técnicos subieron al cerro! —dije con asombro.

—Pues sí. Y lo más interesante es que el dibujo lo había hecho la niña y se lo quedó la maestra antes de que se diera a conocer la noticia de la muerte de los dos hombres. Esto quiere decir que los testigos del ovni no sabían nada sobre lo sucedido hasta que el caso apareció en la prensa. No mintieron. Y es más: días y meses antes del trágico suceso hubo varios casos de apariciones de ovnis sobre el Vintém.

Irene nos contó una experiencia que ella misma vivió el 22 de septiembre de 1966 en la localidad de Massambar, cerca de Vassoura (Estado de Río de Janeiro), donde ella y su marido poseían una finca en el campo.

—Vimos un ovni del tamaño y color de una naranja que dejó un rastro azulado. Cruzó por encima de nuestras cabezas, del sur hacia el este. Eran las 19.30 horas. De pronto de apagó.

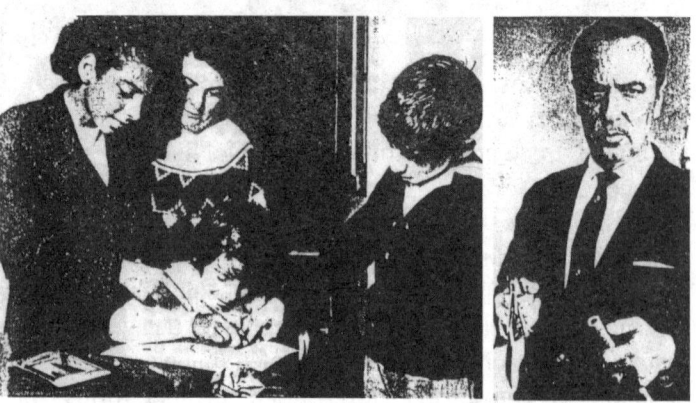

Izquierda: *Gracinda Coutinho de Souza observó un ovni sobre el Morro do Vintém a la hora en que los técnicos se encontraban sobre la montaña. Una de sus hijas, Dense, dibuja el objeto que vieron.*

Derecha: *El comisario Venáncio Betancourt: crimen inexplicable.*

Exhumación de los cuerpos de Manuel y Miguel: sin rastro de veneno en los cuerpos.

La noche siguiente, a la misma hora, el fenómeno se repitió. El cielo estaba despejado en las dos ocasiones. Esto demuestra que había una gran actividad ufológica en el año de la muerte de Miguel y Manuel —nos afirmó la decana.

Y nosotros añadimos que en 1966 el famoso contactado español Fernando Sesma recibió la primera llamada de los ummitas. El día 24 de agosto —unos días después de la muerte de Miguel y Manuel— la Base Aérea de Minot (Dakota del Norte, EE.UU.) envió una escuadrilla de aviones para abatir un ovni que sobrevoló la zona durante cuatro horas, provocando interferencias radiofónicas y dejando rastro en los radares.

* * *

Las investigaciones policiales condujeron a otros datos relevantes. Se supo que los dos amigos asistieron a cursos de la Philips Electrónica en São Paulo y de otras empresas. Que habían creado una estación clandestina de radio en Glicerio, en el municipio de Macaé.

¿Y qué se sabe sobre el objeto fetiche del caso, es decir, las dos mácaras o antifaces de plomo? La policía descubrió que habían sido forjadas en la casa de Manuel da Cruz, con caños de plomo. Aparentemente las dos víctimas pretendían proteger la vista de algún tipo de luz o radiación.

Una hipótesis más osada es la que plantea la posibilidad de que los dos amigos fueran víctimas de su curiosidad: no sospecharon que la cita con una nave extraterrestre les podría resultar mortal, aunque se protegieran con las máscaras de plomo. De ser cierto el avistamiento de Gracinda Coutinho de Souza y de sus tres hijos, el ovni enfocó uno o más rayos sobre el cerro en el momento en que Miguel y Manuel se encontraban allí arriba.

Antes de salir de casa y subirse al autobús que lo llevaría con su amigo a Niterói —para nunca más volver—, Manuel Pereira da Cruz dijo a su padre lo siguiente: «Papá, voy a asistir a un experimento definitivo. Después de esto, yo le diré si creo o no». ¿Creer en qué o en quién? ¿En los supuestos extraterrestres? ¿En fuerzas sobrenaturales? Quizá jamás lo sabremos.

* * *

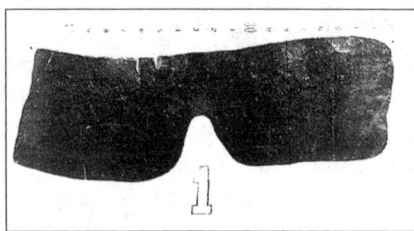

Máscara de plomo encontrada junto a los cuerpos: ¿bloqueo de radiación?

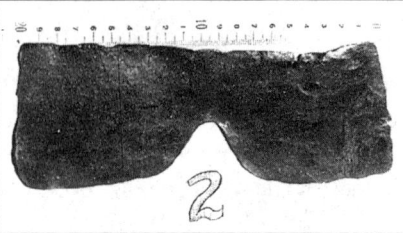

Otra de los toscos antifaces de plomo: ¿contacto con extraterrestres?

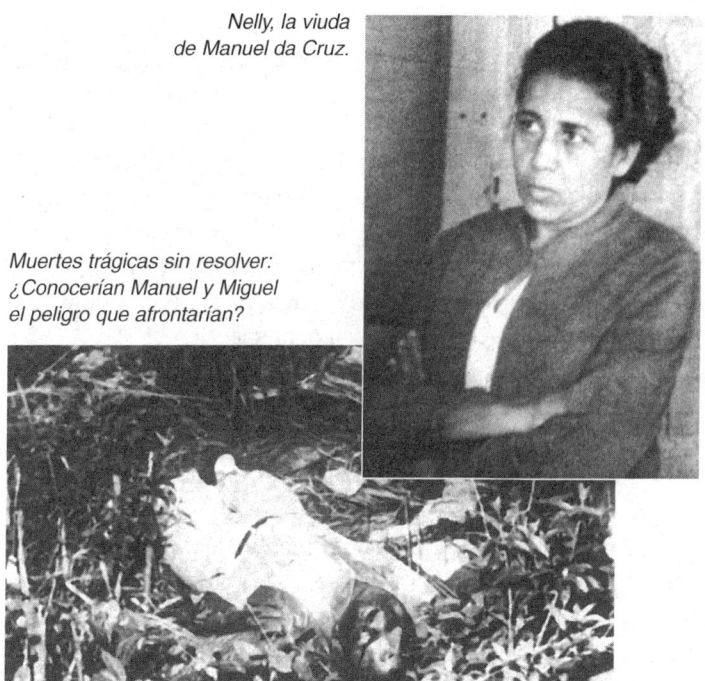

Nelly, la viuda de Manuel da Cruz.

Muertes trágicas sin resolver: ¿Conocerían Manuel y Miguel el peligro que afrontarían?

El caso de las máscaras de plomo atrajo al astrofísico franco-estadounidense Jacques Vallée, famoso ufólogo que había trabajado para la NASA. A finales de abril de 1980 subió al Morro do Vintém en compañía de varias personas, entre ellas el veterano periodista y ufólogo Aurélio Zaluar. Aunque no pudo añadir nada de nuevo a la investigación, recabó un dato de interés: en el lugar donde se habían encontrado los cadáveres no crecía la vegetación.

En 1997 estuve con mi equipo de televisión para hacer un reportaje en el Morro do Vintém —me confirmaba el periodista Saulo Gomes—. Realmente la zona donde estuvieron los cuerpos seguía calcinada, quizá por altas temperaturas. Pero había un detalle misterioso: los cuerpos estuvieron varios días abandonados al aire libre y se encontraban prácticamente intactos, salvo el proceso normal de descomposición. Ningún animal les había atacado. Eso es muy raro, sabiendo que en la zona existen ratas, insectos y buitres.

En su libro *Confrontations* Vallée menciona que un grupo de espiritistas brasileños estuvo en contacto con «jupiterianos a través de canales psíquicos». Uno de los mensajes recibidos revelaba que la muerte de las víctimas pudo ser un accidente ocurrido cuando «ellos corrieron hacia el disco que debía recogerlos antes de recibir la orden para hacerlo».

Los espiritistas añadieron que los jupiterianos eran hembras, con bocas en vertical y cuatro dedos en las manos. Nadie tomó en serio estas curiosas declaraciones. Sin embargo, hubo otras declaraciones de las que la policía sí tomó nota. En 1969 un presidiario llamado Hamilton Bezani confesó que él había sido el ejecutor de los crímenes al mando de otros tres colegas con el objeto de robar el dinero de las víctimas.

Los malhechores habrían obligado a Miguel y Manuel a desplazarse —encañonados— hasta el Morro do Vintém y allí les obligaron a beber veneno. Sin embargo, según el detective

Vista panorámica del Morro do Vintém en 1966: lugar maldito.

Reconstrucción del presunto contacto de Miguel y Manuel con un ovni en el Morro do Vintém, en la noche trágica de su muerte. (Dibujo: Jamil Vilanova.)

Saulo Soares de Souza, la supuesta confesión de Bezani era una mentira. El motivo: forzar su transferencia de una cárcel de seguridad máxima como la que se encontraba en São Paulo a otra donde era fácil escapar, en Niterói.

Había un detalle anecdótico: Bezani recibía el apodo de «Papinho de Anjo», algo así como «bueno de labia». Sin embargo, el supuesto arrepentido había cometido un error imperdonable: ¡Situó el lugar del crimen y el abandono de los cuerpos en otra montaña que no era la del Morro do Vintém! Su historia tampoco explicaba por qué no se encontraron vestigios de veneno en el cuerpo de las víctimas.

Según una conversación que Vallée mantuvo con el doctor Silvio Lago, las víctimas habían sido captadas quizá por Elcio, que debía usar algún truco a base de explosiones con pólvora para convencer a Miguel y a Manuel de la realidad de las manifestaciones materiales de una o más entidades espirituales.

* * *

Son raros, pero en la corta historia de la ufología ya existen algunos casos en los que el fenómeno ovni —interpretado como de origen extraterrestre— induce al suicidio de algunas personas. Algunas similitudes no dejan de sorprendernos y aún no se tiene respuesta para tales muertes. Ante la duda, deseamos que casos como estos no vuelvan a repetirse, haciendo un llamamiento de cordura a todos aquellos que se sienten tentados de quitarse la vida ante este tipo de fenómenos.

Caso Terrassa (Barcelona, España)

Uno de los más conocidos es el caso Terrassa. A las 5.30 de la madrugada del día 20 de junio de 1972 se descubren los cuerpos sin vida de dos hombres decapitados sobre los railes de Renfe entre los apeaderos de Mas Cornet y Torre Alvedra (Terrassa). Uno era José Rodríguez Montero, de cuarenta y siete años, y el otro de Juan Turu Vallés, de veintiún años. Las víctimas aparecieron sobre los raíles.

Sobre el cuerpo de una de las víctimas se encontró el siguiente mensaje: «Los extraterrestres nos llaman. WKTS 88». Rodríguez aferraba en una mano, cuando fue descubierto su cadáver, un algodón impregnado de cloroformo o una sustancia adormilante similar. La policía barajó dos hipótesis: que los cadáveres fueron depositados sobre los raíles, después de haberse producido las muertes, o bien que uno de ellos mató al otro y después se suicidó.

El ufólogo catalán Màrius Lleget reconoció haber recibido dos cartas póstumas de los presuntos suicidas, fechadas ambas el 19 de junio, y destinadas una a él mismo y otra a la sede europea de las Naciones Unidas. Según el libro *Los guías del*

Cosmo, de Javier Sierra (Madrid, 1996), una de las misivas anunciaba: «Hace ya algún tiempo que tenemos contactos directos con esos seres que, de una forma u otra, usted y todos los terrícolas han estudiado: los extraterrestres. Nos han ido mutando lentamente, aunque no en las mismas fechas; no obstante, ahora entienden cómo nosotros somos unos extraños en este planeta. De ahí que nos llaman y que nosotros, identificados hace tiempo como amigos suyos, partamos con la alegría más inmensa que jamás soñáramos. Nos dirigimos al Centro Galáctico».

Rodríguez tenía conocimiento sobre las cartas e informaciones de los ummitas, presuntos extraterrestres que enviaban cartas mecanografiadas a muchos ufólogos o esotéricos en España y otros países.

La autopsia de los cuerpos fue realizada por el forense Manuel Baselga. En el sumario del caso se daba a conocer el hallazgo, en la mano derecha de José Rodríguez, de algodón limpio que no fue analizado y que había permanecido en ayuno. Los mismos policias involucrados en las pesquisas dijeron que estas fueron muy escuetas. Sobre Juan Turu, este se había separado de la que hubiera sido su esposa poco antes de su muerte.

El caso Terrassa sigue sin solucionar, lo único seguro, como se desprende de las cartas, es que Rodríguez y Vallé pretendían llegar al planeta Júpiter. El caso fue reinvestigado dieciocho años después por Manuel Carballal y Josep Guijarro.

Caso Lleida (España)

Por desgracia, España fue nuevamente testigo de otro «suicidio ufológico», en abril de 1978, a las afueras de Lleida. Al igual que en Terrassa, dos jóvenes son encontrados sin vida y mutilados junto a las vías del tren. Francisco Saureo, de dieciséis años, y Juan José Gómez Vargas, de dieciocho, eran dos ufólogos que se dedicaban a investigar algunas apariciones en la «zona ventana» de Tivissa, donde Juan Turu estuvo recogiendo testimonios ufológicos.

La policía planteó la posibilidad de que un tercer hombre interviniera en el traslado de los cuerpos hasta los raíles, puesto que los zapatos de las víctimas se encontraban secos y sin barro, a pesar de que las lluvias de aquellos días habían convertido la zona en un lodazal. Las investigaciones tampoco condujeron a una respuesta definitiva que aclararan las extrañas muertes.

Capítulo 7

¿Suicio provocado por abducción?

NO SON MUCHAS las noticias que nos llegan de ovnis en el Estado brasileño de Goiás, en el corazón del país. Quizá eso se deba a su aislamiento y poca población. Yo mismo visité algunas zonas remotas, como Ivolandia o Paraúna, donde con frecuencia se observan extrañas luces que no corresponden ni a aviones, ni a helicópteros o satélites.

Pero lo que al principio descubrí en las páginas amarillentas del periódico *Fohla da Manhã* podría tratarse simplemente de una página más de sucesos de los que habitualmente se producen en Brasil. Sin embargo, la historia del suicidio de un campesino de veinticinco años y de su amante estaba rodeada de aspectos poco habituales en las crónicas policíacas. Nueve días antes que la *Apolo XI* alunizara, el 12 de julio de 1969, Adelino Roque y la joven Cleusa Alves de Queirós se quitaban la vida —ambos con una dosis letal de un potente veneno— en el pueblo de Itauçu, una tranquila ciudad del interior.

La investigación de este caso había permanecido inédita hasta mi llegada, en 1997, a Goiás. Había escapado a la curiosidad de los ufólogos. Frenéticamente me puse a buscar datos en la hemeroteca del periódico *Folha da Manhã*, de Goiânia (capital del Estado), donde trabajaba mi amigo el periodista Willy Silva, que ahora reside en Portugal.

El único punto de partida que poseía era una cortísima nota publicada en uno de los boletines de la Sociedade Brasileira de Estudos de Discos Voadores (dirigida por Walter Bühler). Además, el mismo Bühler no daba importancia al caso, por lo menos desde el punto de vista ufológico, por considerarlo una suerte de farsa. Sin embargo, mi instinto periodístico me dijo que podría estar delante de una historia personal como mínimo interesante, al menos por su faceta social y sociológica.

La chica me trajo uno de los enormes tomos encuadernados de periódicos y quitó el polvo, espeso, con una gamuza. Inquieto me volqué a hojear las amarillentas hojas de una historia que el tiempo se había encargado de olvidar. Algunos nombres de parientes y amigos me dieron las pistas necesarias para emprender la búsqueda de nuevos testimonios.

Todo comenzó el 20 de abril de 1969, cuando Adelino había desaparecido, supuestamente secuestrado por un «platillo volador», y apareció a centenares de kilómetros de distancia, a orillas de un río. Parecía ser un caso más del ámbito de «secuestro alienígena» y desplazamiento en el espacio por un ovni.

Empecé a reconstruir el suceso al localizar en el pueblo de Guapó —situado a 60 kilómetros de la capital del Estado, Goiânia— a uno de los testigos clave de los acontecimientos: el anciano José Marcório, de setenta y cuatro años, enfermo pero aún muy lúcido, y que recordó unos hechos imborrables de su memoria.

—Adelino era mi cuñado y sobrino, una persona a quien estimaba mucho, Éramos casi como hermanos. Me acuerdo de todo

Adelino Roque: primero fue transportado por un ovni y luego se suicidó junto con su amante.

Riachuelo donde Adelino Roque desapareció en Goiás.

como si fuera hoy. Adelino pasó por mi casa con un fuerte dolor de muelas. Había estado en el dentista, pero este no pudo atenderlo porque era domingo. Dijo que volviera al día siguiente. Yo vivía por aquel entonces en Itauçu y mi cuñado a doce kilómetros de distancia, en una hacienda donde labraba la tierra. A eso de las siete y media de la tarde se montó a caballo y tomó rumbo a su casa. Estaba tranquilo y sólo se quejaba del dolor de muelas —me dijo José Marcório con todo lujo de detalles mientras balanceaba la mecedora a la puerta de la humilde residencia de un pariente situada cerca de una carretera de muy poco movimiento.

—El lunes por la mañana su caballo apareció abandonado cerca de la casa de su hermana, Adelina —nos siguió contando José Marcório, que aún se recuperaba de una grave enfermedad—. Llevaba aún la silla de montar y las riendas. La bestia no estaba cansada, solo un poco asustada. Por lo visto no había caminado mucho. Un peón puso en alerta a los vecinos y a nosotros en Ituaçu. Pensábamos que Adelino había sido asaltado por bandidos o incluso asesinado. Reuní unas quince o veinte personas y salimos a buscarlo por el campo. Los campesinos no vieron buitres volando por la zona y tampoco encontramos su cuerpo en las oquedades. Cuando eran las cuatro y media de la tarde Adelino apareció en Itauçu, en un autobús procedente de Itumbiara, a cerca de trescientos kilómetros de distancia, en la frontera con el Estado de Minas Gerais.

Según declaraciones que Marcório efectuó al periodista Guilhermino Churchil, del diario *Folha de Goiás,* publicadas el 12 de junio de 1969, el cuñado estaba «trastornado» y «con alguna cosa anormal», pues «sus ojos estaban diferentes». Marcório fue la primera persona con la que Adelino se sinceró con respecto a lo que le había sucedido la misma noche de la fecha de su regreso, es decir, el 21 de abril.

Ilustración de Jamil Vilanova que reconstruye el momento en que Adelino Roque es víctima del supuesto secuestro por un ovni.

—Adelino me contó que, cuando salió de Itauçu aquel domingo, vio un destello. Al llegar al primer riachuelo más próximo de la hacienda, aún montado, dejó que el caballo bebiera agua. De repente pudo ver cómo, a pesar de que el cielo estuviera limpio de nubes, algo semejante a un relámpago iluminó el agua. El animal se asustó, pero luego se recompuso y siguieron marcha. Un poco más adelante, cuando pasaba por debajo de un árbol de mangos, surgió otro destello y Adelino dijo: «¿Qué desgracia era esa?» Entonces tuvo la sensación de estar dentro de un barril, donde se oía un zumbido. Después no pudo acordarse de nada más. A las cinco horas de la mañana del día siguiente, mi sobrino amaneció en Itumbiara, estirado sobre una piedra a orillas del río Paranaiba. Por allí pasaba un lechero que lo recogió, aún aturdido, y se lo llevó al pueblo. Lo puso dentro de un autobús que lo dejó en Goiânia. Allí tuvo que hacer trasbordo hasta Itauçu. Los conductores, al ver su lamentable estado, no le cobraron el billete. Además, regresó con el mismo dinero que llevaba en el bolsillo antes de salir de mi casa. Ese dinero se lo iba a entregar a la hermana, Adelina, que vivía a medio camino entre Itauçu y su casa, en la hacienda de un tal Zeca —añadió el anciano.

—¿Era posible que Adelino hubiera recorrido los 300 kilómetros de ida y otros tantos de vuelta hasta Itumbiara entre las 19.30 horas del domingo para regresar a las 16.30 horas del día siguiente? —pregunté a José Marcório.

—No, no era posible —me contestó—, porque en 1969 los autobuses eran escasos y se tenía que hacer transbordo en Goiânia. Además, las carreteras eran malas y el recorrido era muy lento y lleno de paradas. Adelino volvió con la misma ropa, con los calcetines y zapatos limpios, como si no hubiera caminado por aquellos caminos polvorientos sin su caballo.

Solo mucho más tarde reflexioné sobre la extraña experiencia vivida por Adelino. El hecho de que se sintiera como dentro de «un barril, oyendo un zumbido, recuerda mucho las Experiencias Cercanas a la Muerte (ECM) estudiadas por muchos psicólogos, médicos y otros especialistas. Según cuentan los que vivieron una ECM, se sienten como caminando dentro de un túnel, o por un pasillo estrecho. Adelino vivió también algo que muchos abducidos experimentan: la sensación de «tiempo perdido de traslado. Cuando se despiertan pueden estar a varios metros o incluso kilómetros del último lugar donde se recuerdan haber estado.

Desgraciadamente, Adelino ya no está entre nosotros para que pudiéramos realizarle una hipnosis regresiva o un estudio más profundo de su perfil psicológico para determinar hasta qué punto lo sucedido aquella noche le afectó en el poco tiempo de vida que le restaba.

* * *

Treinta años antes de mi entrevista, José Marcório contó a la *Folha de Goiás* que Adelino Roque viajó dos kilómetros cuando «... me afirmó haber percibido una luz que lo perseguía. No dio importancia al hecho y siguió su viaje normalmente. Doscientos metros después el foco bajó más y, cuando su caballo bebía en el río Serradinho, Adelino volvió a notar cómo una luz clareaba las aguas; hasta el caballo se asustó. Sin embargo, mi sobrino pudo dominarlo y seguir viaje. Al cabalgar unos cien metros más, Adelino sufrió un verdadero impacto y se consideró hipnotizado por un chorro frío de luz que le golpeó bruscamente las espaldas. Continuó, para luego recibir un nuevo chorro de luz a la altura del tórax, pero en esa oca-

José Marcório, tío de Adelino Roque: el muchacho no mintió.

El periodista Willy Silva, José Marcório y Villarrubia: misteriosa desaparición de Adelino.

sión notando mucho calor. En ese momento, me afirmó, bajó sobre su cabeza un objeto extraño, que lo dejó totalmente paralizado...; en aquel momento vio una cosa acercarse y descabalgarle lentamente del animal, ascendiendo con rapidez...

Según Marcório, la explicación de que un platillo volador habría secuestrado a Adelino fue ofrecida por un médico que atendió a la esposa del campesino cuando esta desfalleció al ver llegar a su marido sano y salvo en casa.

—Adelino nunca me dijo nada sobre un platillo volante. Creo que tampoco sabía lo que era eso, era una persona muy humilde, analfabeto, no veía televisión, sólo tenía una radio transistor y le gustaba mucho escuchar los partidos de fútbol —me aclaraba José Marcório.

El anciano, en mi entrevista, refrendó lo que había dicho a la *Folha de Goiás* en 1969.

—Adelino Roque, tras su regreso, ya no era la misma persona. No tenía ganas de trabajar, estaba siempre cansado. Un mes después, aproximadamente, desapareció junto con la sobrina de su esposa, una chica de dieciseis o diecisiete años que se llamaba Cleusa. La muchacha cuidaba de Ivaní, la esposa de

Adelino, quien atravesaba por una etapa de enfermedad. Tiempo después supimos que la pareja se había fugado sin equipaje, con la ropa puesta y sin dinero hacia una sierra, cerca del río Verde. Tuvieron que caminar mucho. Mi sobrino era una persona muy responsable, que amaba mucho a su mujer y creo que aquello, lo del plato volador, le trastornó el juicio —concluyó Marcório.

* * *

Tras algunas peripecias pude localizar —junto con mi amigo Willy Silva— a Ivaní de Freitas Roque, la viuda de Adeli-

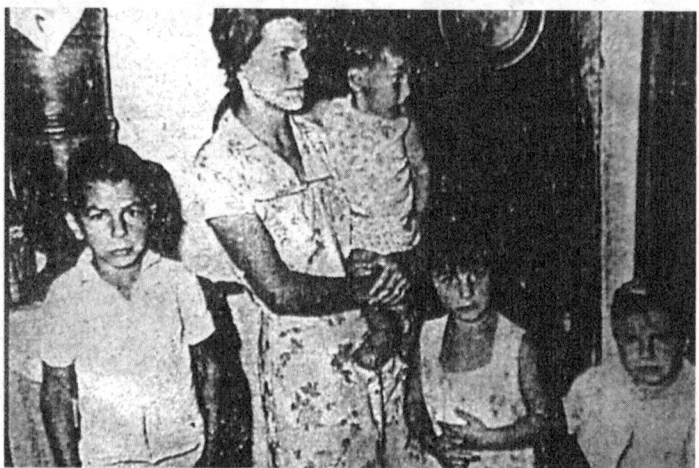

La esposa de Adelino en una foto de 1969: desconsuelo.

Adelino Roque e Ivaní de Freitas el día de su boda.

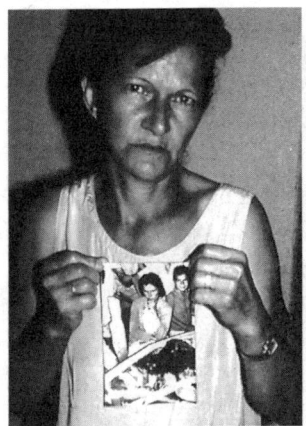

La viuda de Adelino Roque entrevistada por el autor: nunca se contentó con las explicaciones sobre el trágico final del marido.

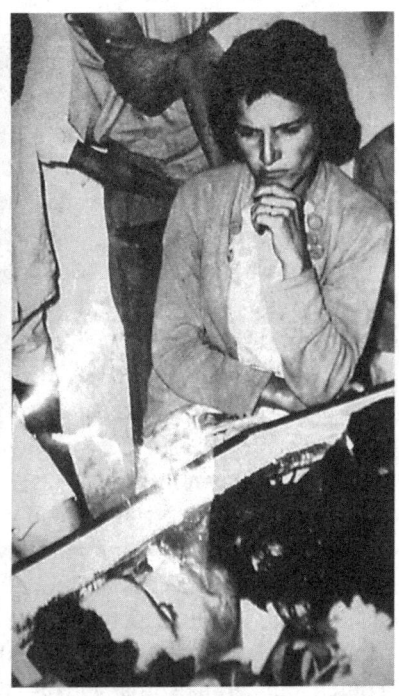

Ivaní contempla el cadáver de su marido dentro del ataúd: ¿enloqueció Adelino tras el secuestro por un ovni?

no Roque, en el poblado de Inhumas, también en Goiás, cerca de Itauçu. Es una mujer flaca, de mirada triste y que aparentemente aún no había remontado aquel lejano suceso luctuoso. Allí, en Itauçu, la viuda nos contó su versión de los sucesos.

—Adelino me comentó que la luz era como «una linterna», como un foco muy fuerte, y que sintió frío cuando lo iluminó. Al despertar, aún llevaba el revólver en la cintura y estaba con la carne enrojecida en función de la presión que ejercía su cuerpo contra la laja de piedra sobre la que estaba apoyado al borde del río donde se despertó. Es habitual entre los hombres del campo que lleven su arma para la defensa personal —nos dijo la viuda en su modesta residencia donde trabaja como zurzidora.

Pregunté a Ivaní si su esposo tomaba bebidas alcohólicas o sufría de pérdida de memoria.

—Nunca tuvo problemas de memoria. Antes del incidente bebía moderadamente, en compañía de los amigos, pero nunca llegó ebrio a casa. Cuando volvió de Itumbiara sí que le dio por beber mucha «cachaça», un aguardiente de caña de azúcar; dejó de trabajar y estaba como perdido, no prestaba atención a nada... —comentó la viuda sacando algunas fotos de un viejo álbum.

Una mostraba al joven Adelino Roque en su ataúd, rodeado por Ivaní, que entonces tenía veinticuatro años, y uno de sus cuatro hijos. Ella aún no se conformaba con lo que había sucedido y siguió contándonos su tragedia personal.

—Mi esposo volvió a desaparecer sobre el día 23 de junio. Pero esta vez no se lo llevó ningún platillo volante... —dijo con cierto sarcasmo y acritud—; se había ido con mi joven sobrina, Cleusa. Ella tenía un novio y se iba a casar en breve. Me contaron más tarde que mi marido y ella se habían ido a la sierra. Solo regresaron el 12 de julio de 1969. Él llegó a la casa de la hermana, Adelina, pero ya estaba moribundo, vomitando. Murió en los brazos del cuñado, Alcino Francisco Raimundo, a quien tenía gran estima, y le dijo balbuceando que le diera un revólver para dispararse —seguía recordando Ivaní mientras las primeras lágrimas se adivinaban en sus ojos.

La joven sobrina de Ivaní falleció al cabo de pocas horas en el hospital de Itauçu. Según los comentarios de los testigos de la muerte de la pareja, ésta habría ingerido un fuerte veneno, quizá un raticida, circunstancia que no pudo comprobarse al no realizarse autopsia alguna sobre sus cadáveres.

La viuda nos reveló un detalle que en aquel entonces no llegaron a conocer los periodistas: Adelino Roque, cuando niño, incorporaba espíritus, «estuvo espiritado» *(sic)* según las palabras de Ivaní. Detalle importante para los defensores de la teoría de las abducciones por entidades extraterrestres, puesto que antes de ser secuestrados muchos de los abducidos y contactados sufrieron estados alterados de consciencia transitorios, o incluso una abducción que no recordaron hasta ser sometidos a una sesión de hipnosis regresiva.

—¿Cree usted que la historia del platillo volante era una excusa para desaparecer con la sobrina? —pregunté.

—No, no, de ninguna manera. Adelino no mintió. Me ocultó que estaba enamorado de mi sobrina, pero no mintió

¿Qué pruebas podrían haber a favor de la versión de la extraña luz que Adelino vio? La viuda nos contestó:

—En el lugar donde mi marido desapareció, algunos árboles tenían las hojas chamuscadas. Además, donde se dieron los destellos el suelo también presentaba quemaduras. Eso lo vio un periodista.

Otro aspecto a favor de la tesis de que algo verdaderamente insólito le ocurrió a Adelino es que Churchil (el periodista) y José Marcório se desplazaron hasta Itumbiara y allí confirmaron, mediante el testimonio de un vendedor de billetes de autobuses, que Adelino había estado allí un día después de desaparecer. El citado periodista mencionaba en su artículo que la 4.ª Zona Aérea Regional de São Paulo envió un documento al comisario de Itauçu, en el que exponía la intención de investigar directamente el caso y localizar a Adelino para interrogarlo.

Según Flávio Pereira, uno de los decanos de la ufología brasileña, a quien entrevisté en São Paulo, en la 4.ª Zona Aérea varios oficiales llevaban a cabo una labor investigadora del fenómeno ovni y disponía de un archivo importante de casos ocurridos en todo Brasil.

José Marcório nos contó que el comisario de Itauçu fue despedido por «incompetencia». Añadió que la policía científica llegó al pueblo y solicitó el cuerpo para una autopsia. El comisario les dijo que no podían hacer nada, pues el cuerpo ya había sido enterrado el mismo día del fallecimiento y que la viuda desautorizaba la exhumación.

Según el reportaje de Churchil, este solicitó la presencia de dos policías científicos en Itauçu. Los agentes requeridos en la localidad se quejaron a las autoridades de la capital, Goiânia, pues no pudieron desarrollar ni su trabajo ni la autopsia de ninguna de las dos víctimas.

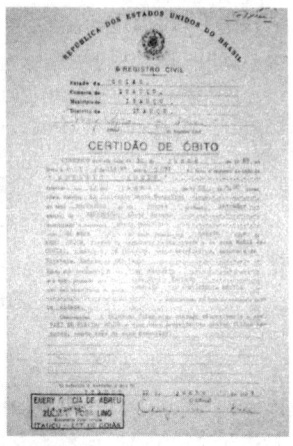

Acta de defunción de Adelino Roque.

En el acta de defunción, publicada por Churchil el 13 de junio de 1969, en el diario *A Folha de Goiás*, la causa de muerte era «ignorada, sin asistencia médica». Permanece aún la duda de si el presunto secuestro perpetrado por los hipotéticos ocupantes de un ovni afectaron o no la mente de Adelino hasta el punto de acometer los actos que lo condujeron a su muerte y a la de la joven. Otra posibilidad es que la abducción sirviera de coartada para una fuga amorosa fracasada. Y aún podríamos decir que el joven campesino fue víctima de algo, de una fuerza desconocida, la misma que ha afectado a miles de abducidos en todo el mundo.

Lo cierto es que nos queda sólo lamentar el trágico fin de Adelino Roque y de su amante, Cleusa Alves de Queirós, un verdadero caso de «Romeo y Julieta» del siglo XX con matices ufológicos. Quizás nunca sabremos la verdad sobre esta historia, cuyo principal testigo y protagonista ya no se encuentra entre nosotros.

Muerte en Crixás

Lo que sucedió el 13 de agosto de 1967 en la «fazenda» (hacienda) Santa María —cerca de Crixás, también en el Estado de Goiás— es otro de los raros casos fatales de contactos con humanos y supuestas entidades extraterrestres. En aquella fecha un campesino, el administrador de la finca Inácio de Souza, de cuarenta y un años, y su esposa, María, regresaban a su domicilio cuando observaron que en la pequeña pista de aterrizaje de avionetas estaba posado un objeto que tenía la «forma de plato invertido».

Calcularon sus dimensiones en unos 35 metros de diámetro. Además, vieron a tres siluetas humanas que parecían retozar como niños: brincaban y saltaban. Cuando percibieron a Inácio y su mujer, se echaron a correr hacia ellos. Inácio llevaba un fusil Winchester 44. Experto tirador, pero asustado, disparó contra una de las criaturas.

En ese exacto momento un rayo de luz verde salió del ovni posado sobre la pista de las avionetas y alcanzó al campesino en el lado izquierdo del pecho. El hombre cayó fulminado al suelo. María corrió en su ayuda y recogió el arma del suelo para defenderse, pero, para entonces, los tres humanoides ya habían entrado en el ovni. Al rato se elevó verticalmente y desapareció velozmente emitiendo un ruido semejante a un enjambre de abejas.

Tres días después llegó el dueño de la hacienda, que contó lo siguiente:

> Al descender de mi avión particular, la esposa de Inácio me esperaba y me dijo que su marido estaba muy mal y que guardaba cama. Téngase en cuenta que era un hombre que no había estado jamás enfermo, notable por su robustez.

Caso Crixás: muerte del campesino atacado por ufonautas.

En función del empeoramiento de la salud de Inácio, se lo llevaron a un hospital de la capital del Estado, Goiânia. Allí los médicos comprobaron la existencia de una quemadura circular de 15 centímetros de diámetro en la parte izquierda del tronco. A los cuatro días de hospitalización, Inácio fue dado de alta y volvió a su casa.

El dueño de la hacienda, sorprendido por el hecho de que no hubiera estado más tiempo a causa del delicado estado de salud de su trabajador, se citó con el médico. Este le contó que el caso no tenía solución, es decir, que Inácio de Souza tenía los días contados. Los exámenes revelaron leucemia (cáncer en la sangre) y que no tendría más de dos meses de vida.

Poco a poco el cuerpo de Inácio se fue cubriendo de manchas blanco-amarillentas del tamaño de una uña y sentía horribles dolores. Paulatinamente adelgazó hasta terminar en piel y huesos. Aparentemente, el campesino presentaba los síntomas clásicos de la leucemia de origen radiactivo. Inácio de Souza murió 59 días después del fatídico incidente, cuando un rayo verde le fue disparado desde un ovni en Goiás.

Capítulo 8

Caso Billings: ¿mutilación humana provocada por extraterrestres?

E<small>N 1988, EN LA PERIFERIA</small> de São Paulo (Brasil), unos niños encontraron un cuerpo humano horriblemente mutilado por causas desconocidas. No poseía ningún órgano vital en su interior y tampoco sangre. Solo tres orificios relativamente pequeños explicarían por donde órganos y sangre hubieran sido «succionados» por una técnica que los forenses consideraron desconocida. ¿Qué demonios ocurrió con aquel pobre hombre? ¿Qué enfermiza mente podría haber perpetrado tan tremendo crimen? ¿Con qué móvil? ¿Con qué instrumentos? Demasiadas preguntas...

Animales mutilados por seres o fuerzas desconocidas han aparecido en gran cantidad en varios países de Iberoámerica a partir de 1995, aunque antes, ya en 1977, se registraron varios casos en Puerto Rico. En este momento se vive el fenómeno en Chile y Argentina como algo tenebroso y aterrador que perpetrarían seres de otros planetas o dimensiones contra los seres vivos de la Tierra —especialmente ganado y animales de corral— con fines absolutamente oscuros.

El llamado «caso Guarapiranga» puede ser una excepción en los casos de mutilaciones, pues, de confirmarse, supondrá

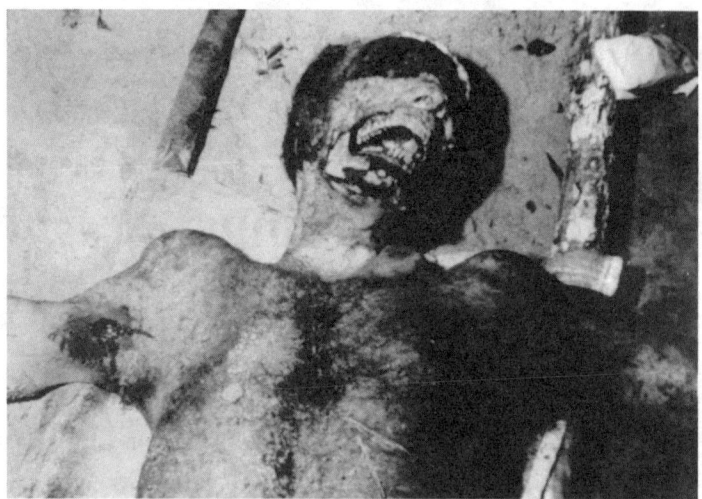

Joaquim Sebastião Gonçalves: muerte aterradora en la presa Billings, en São Paulo.

el primer registro del que se tiene noticia de una mutilación humana con suficientes pruebas para corroborarlo. Fue la investigadora española Encarnación Zapata quien primero dio a conocer el caso a través de las páginas de la revista brasileña *UFO* en septiembre de 1993. Afincada desde hace muchos años en Brasil, más concretamente en la ciudad de Santo André, en el Estado de São Paulo, Encarnación reveló la terrible historia de un hombre mortalmente mutilado por razones desconocidas.

El siniestro tuvo lugar el 29 de septiembre de 1988. En las orillas de la presa de Guarapiranga, en un lugar de difícil acceso de la periferia de la ciudad de São Paulo —urbe con más de 18 millones de habitantes—, dos chicos que allí nadaban encontraron el cuerpo de un hombre en un islote. Vestía tan solo unos calzoncillos, y el rostro y cuerpo se presentaban horriblemente mutilados. Los forenses creían que debía haber muerto poco tiempo antes de ser hallado, pues su cuerpo aún estaba flácido y bien conservado. Se extrañaron de no encontrar en el lugar ninguna señal de lucha, de violencia.

—Me enteré del caso a través de mi amigo, el doctor Rubens Sérgio Góes, médico dermatólogo de la capital paulista, que, por su turno, supo de lo mismo por un primo suyo perito criminalista. Rubens me enseñó siete fotos escalofriantes de un cadáver. Me percaté, con la ayuda de una lupa, que sus cortes eran parecidos a los que presentan los animales mutilados supuestamente en contacto con inteligencias alienígenas. Luego, el criminalista me puso en contacto con José Roberto Cuenca, funcionario de justicia, encargado del caso. Inesperadamente, el señor Cuenca se mostró muy interesado en que yo pudiera, de alguna manera, colaborar con la solución del caso —me dijo hace unos años, en São Paulo, Encarnación Zapata, la primera ufóloga que tuvo acceso al informe policial.

El informe detallaba que la parte superior del rostro del cadáver había sido desollada, los ojos arrancados, al igual que una parte de las orejas (y el interior del oído), la lengua y otros músculos bucales. Entre los dedos de las manos y pies se encontraron perforaciones de hasta dos centímetros de diámetro. Curiosamente —y como yo mismo pude verificar en Goiás, Brasil–, existen casos de ganado muerto en circunstancias des-

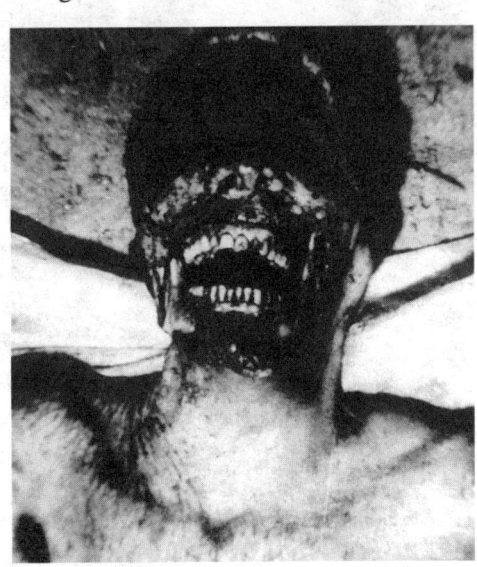

El rostro de Gonçalves presentaba extrañas quemaduras. Equivocadamente, las atribuyeron a un rayo.

conocidas cuyo único órgano extirpado es la lengua. Incluso se habla de un misterioso ser llamado «Arrancalínguas» (arrancalenguas), una especie de monstruo semejante a un gran simio, como responsable de tales mutilaciones.

—La piel del rostro fue cortada en una sección rectangular y sobre los restos de carne había sido untada una sustancia de color negro que no pudo ser analizada e identificada por falta de presupuestos para estos casos —me dijo Encarnación moviendo negativamente la cabeza.

Según la ufóloga, la víctima fue enterrada como un indigente por la policía hasta que más tarde se descubrió su identidad y la familia lo enterró dignamente en otro cementerio. Pertenecía a un hombre casado, de cincuenta y tres años, «católico practicante», de baja condición económica, que habitaba en la orilla de la presa Billings. Trabajaba como celador de una finca cercana. Solía ir a pescar en la represa, y estuvo desaparecido tres días hasta que encontraron su cuerpo mutilado.

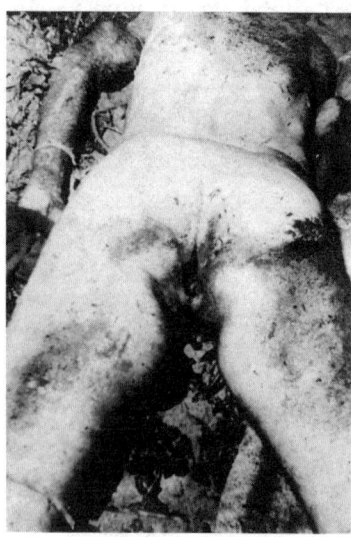

Cortes quirúrgicos casi perfectos. ¿Qué instrumentos se emplearon para la mutilación?

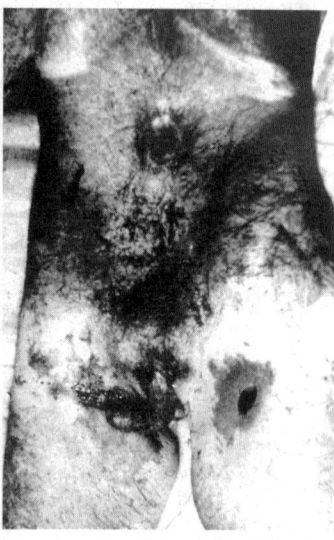

La uretra de la víctima fue penetrada por algún instrumento explorador. ¿Para qué?

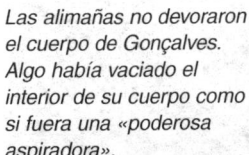
¿Quien mutiló al pobre ciudadano brasileño?

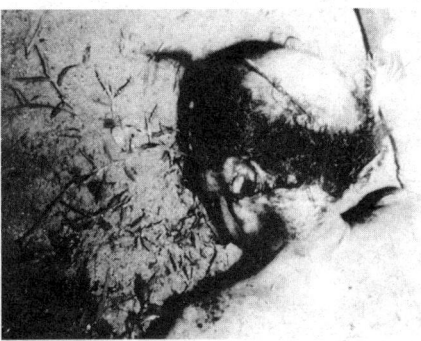

Las alimañas no devoraron el cuerpo de Gonçalves. Algo había vaciado el interior de su cuerpo como si fuera una «poderosa aspiradora».

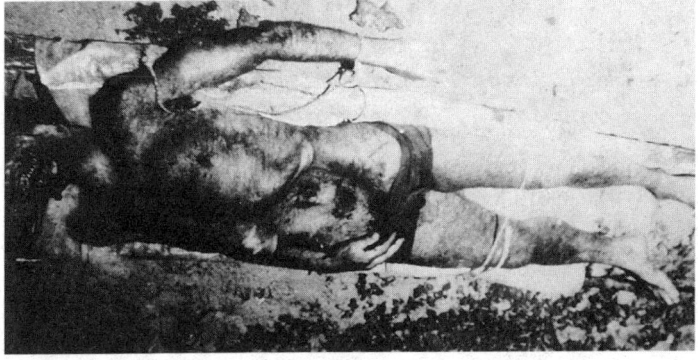

Encarnación jamás quiso divulgar el nombre de la víctima y otros datos personales por respeto a su familia, cosa que solo ocurrió más tarde, en 1997, a partir de un artículo de un reportero para el periódico sensacionalista *Noticias Populares*, como veremos más adelante. Se llamaba Joaquim Sebastião Gonçalves.

Pero sigamos con las observaciones respecto a la mutilación del hombre: bajo las axilas, la víctima presentaba dos cortes perfectamente circulares de cuatro centímetros de diámetro, amén de otros hechos con un objeto punzante y cortante por todo el cuerpo. Se le extirpó —con un corte circular de unos tres centímetros de diámetro— el ombligo. El cadáver no poseía marcas de uñas, pezuñas o garras de animales como suele pasar a los cuerpos abandonados en lugares llenos de alimañas como los alrededores de la presa de Guarapiranga.

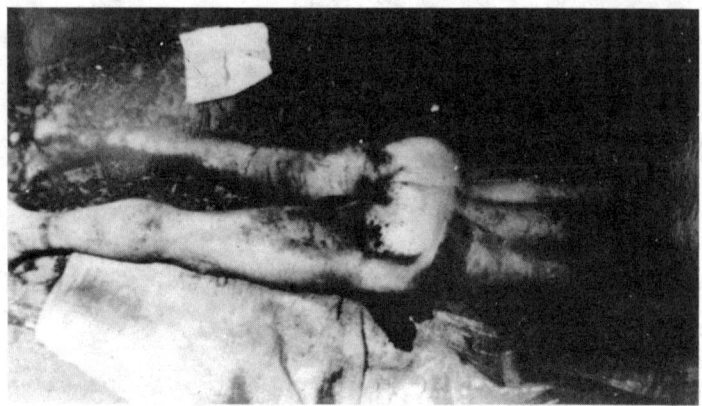

La muerte de Sebastião Gonçalves, probablemente estuvo precedida de un sufrimiento atroz.

Lo más extraño del hecho es que el cuerpo no tenía sangre y se encontraba vaciado de sus vísceras. El comisario responsable del caso escribió una carta al director del Instituto Médico Legal donde comentaba que estas fueron «aspiradas» por algún tipo de instrumento desconocido. El abdomen se hallaba «aplastado» debido a la ausencia de todas las vísceras...

Como si fueran pocas todas las atrocidades sufridas por aquel cuerpo, se le había arrancado el escroto izquierdo, mientras que la uretra del pene se hallaba bastante dilatada y ensangrentada, como si le hubieran introducido una sonda. También se podía notar la ausencia de pelos púbicos y en las axilas.

—Es como si le hubieran preparado para cirugía —observó Encarnación, mientras yo ponía cara de asco al mirar las fotografías de la víctima.

En la ingle izquierda había un corte perfectamente elíptico, no muy profundo. Para más inri, el orificio anal había sido sustraído con una incisión de 15 por 8 centímetros. El cuerpo no presentaba señales de haber sido atado antes o después de su muerte y tampoco presentaba señales de ahogamiento.

—Aunque se plantee la posibilidad de un ritual satánico, yo me pregunto: ¿Quién hubiera podido realizar con tanta precisión los cortes y la remoción de los órganos internos por orificios tan pequeños? —observó Encarnación.

Lo único que quedó dentro de la víctima fue un pedazo de pulmón, que fue cortado «como si de mantequilla se tratara». Por esta y otras señales, la ufóloga llegó a la conclusión que el muerto de Guarapiranga presentaba muchas similitudes con los casos de mutilaciones de animales ocurridas en varias partes del mundo. Y no parecía faltarle razón.

* * *

Sobre la ausencia de la sangre, el caso se asemeja a los ataques del «chupacabras» que ocurrieron profusamente a partir de 1995 en América.

—Solo había un poco de sangre sobre las heridas. En el lugar donde fue encontrado el cuerpo no había manchas de san-

Encarnación Zapata, principal investigadora del caso Billings. Pruebas de una mutilación desconcertante. ¿Extraterrestres?

gre en el suelo, ni huellas, velas u otros elementos que nos pudieran dar una pista de que realmente se trataba de un sacrificio ritual como algunos policías han especulado —me aclaraba Ercarnación.

—Si el hombre hubiera sido víctima de un asesinato común sus restos estarían destrozados por los depredadores, pero en este caso permanecieron a distancia. Eso es muy significativo, pues en los casos de mutilaciones de animales por ovnis los depredadores tampoco se acercaban al lugar de la mutilación durante meses e incluso años. No creo que esto sea una simple casualidad —me seguía contando la ufóloga.

Lo más terrible y espeluznante de este caso es lo que los forenses determinaron respecto a las condiciones de la muerte del desdichado hombre: este debió ser torturado y estaba aún vivo cuando sus órganos fueron cortados y arrancados con un método desconocido por los científicos. El forense Jorge Pereira, de São Paulo, dijo a Encarnación «que nunca había visto un caso semejante, era como si un motor de doscientos caballos le hubiera succionado los órganos internos».

* * *

Encarnación me confesó que había sufrido críticas inmerecidas de algunos ufólogos que desacreditan sus comparaciones.

—Han dicho que los roedores y otras alimañas fueron los responsables por algunas de las mutilaciones y por los orificios. Los forenses que investigaron el caso son verdaderos expertos y han visto todo lo que uno pueda y no pueda imaginarse. Ellos afirman que este tipo de mutilación y *modus operandi* es algo inaudito y exigiría equipos que hasta el momento desconocemos. Lo de los animales es un absurdo —se defendió.

Otro punto que los detractores de Encarnación juzgan oscuro es el hecho de que el cadáver no tiene ninguna relación con apariciones de ovnis.

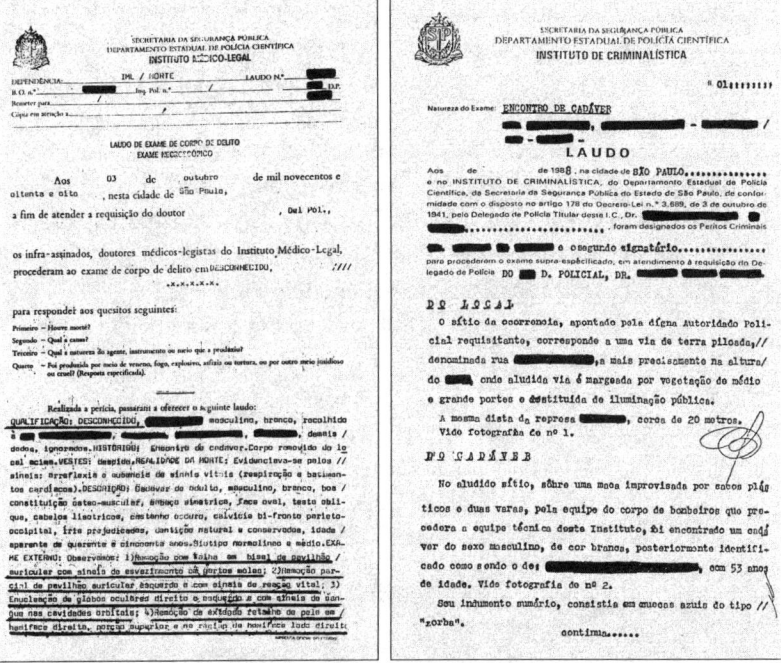

Informe de la policía de São Paulo sobre el cuerpo encontrado en la presa Billings.

Otra página del informe que detalla las condiciones en que se encontró el cadáver de Gonçalves.

—Es cierto que difícilmente sabremos si este tuvo su primer y último contacto con los extraterrestre, puesto que aparentemente no hay testigos de lo que ocurrió. Pero sí puedo afirmar que la región de las grandes represas de São Paulo es rica en apariciones ufológicas.

Y como no podría faltar en un caso tan polémico, la desinformación también echó raíces. Circuló la noticia de que en abril de 1995 el comisario de la policía civil de São Paulo, Marco Antonio Desgualdo, del equipo especializado en homicidios, había decidido exhumar el cuerpo de la víctima un año después del fallecimiento.

Se trató de exponer el cadáver —o lo que quedaba de él— durante tres o cuatro días a la acción de pequeños ratones, buitres y otros animales depredadores que hubieran devorado las entrañas del sujeto. Desgualdo dijo que todo ese proceso fue fotografiado pero que no podía enseñar las fotografías porque se trataba de un asunto secreto.

—Es un absurdo hacer este tipo de experimento con un cuerpo que estuvo enterrado durante un año. Sería muy difícil determinar alguna similitud de los orificios y otros cortes provocados por los animales con los que el cadáver ya poseía a causa del avanzado deterioro de su cuerpo.

Recientemente se descubrió que el experimento de Desgualdo no había sido realizado con el cadáver del hombre, sino con el de un perro. Tenía por objetivo verificar si las alimañas podrían mutilar el perro de manera similar al hombre. En el cuerpo del perro se realizaron incisiones y cortes semejantes a los de la víctima humana y colocado en el mismo lugar de la represa. Efectivamente, el cadáver del cánido fue

Revista UFO, número 80, donde Claudeir Covo da por resuelto el caso Billings.

Claudeir Covo, detractor de la versión extraterrestre del caso Billings. Según él, las alimañas fueron las responsables de las heridas de Gonçalves.

Revista UFO, número 25, donde Encarnación Zapata comunicaba la extraña mutilación. Años más tarde se intentaría, en vano, rebatir su hipótesis.

atacado y devorado. Pero el experimento no explica quién pudo haber hecho los cortes con características quirúrgicas en el hombre.

Lo más inquietante del «caso Guarapiranga» (ahora «Billings», como veremos más adelante) es que no es único en su género. En el Estado de Bahía el investigador argentino Alberto Romero me aseguró que existen casos de niños mutilados y que son celosamente ocultados por la policía.

Encarnación Zapata dice haber recibido varias llamadas de un forense que la advirtió del peligro al que ella está expuesta, pues «puede haber una mafia involucrada en el tráfico de órganos humanos en el caso Guarapiranga y en otros». ¿Mutilación provocada por extraterrestres? ¿Tráfico de órganos? ¿Sectas satánicas? Lo cierto es que las circunstancias de la muerte del celador de São Paulo aún constituye para la policía un caso sin resolver.

* * *

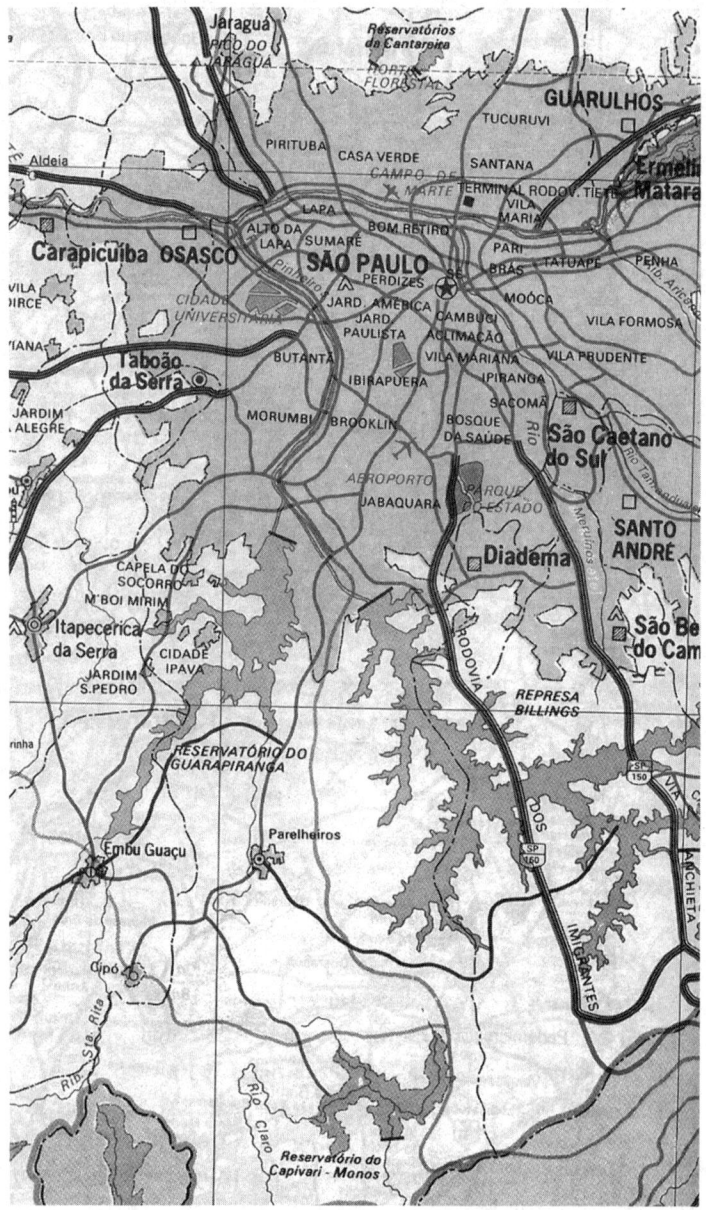

Mapa de la situación de las presas Billings y Guarapiranga, en la periferia de São Paulo.

Otro caso inquietante involucró a un ser humano en otra mutilación. En el día 11 de noviembre 1994 un humilde campesino del Estado del Río Grande del Sur (Brasil), Olivio Correa, cumplía cincuenta y seis años. Por eso, decidió hacer una barbacoa para unos amigos en el pueblo de Estancia Velha, donde vive con la familia. Al final de la tarde de aquel sábado salió para comprar carne en una carnicería. Algunas horas después entregaron la carne en su casa, pero Olivio no volvió.

Al día siguiente lo encontraron en un matorral, enlodado, aturdido, sin apenas poder articular alguna frase con sentido. Y lo que era peor, ¡estaba sin los dos ojos! Ante la policía, Olivio testificó que, aquella tarde de sábado, estaba totalmente embriagado e «hizo dedo», subiéndose a un coche azul con tres hombres. «Arrimaron a mi rostro un paño que envolvía un aparato y dijeron que querían mis ojos para venderlos. Estaban armados con cuchillos y me llevaron al matorral», declaró Ovidio.

En el mismo día testificaron Darci y Vera Leonhart que habían visto al campesino totalmente borracho hacia las 20.30 horas y que hablaba con un hombre desconocido, rubio, de cabellos largos y de cuerpo atlético, que poseía una bicicleta roja.

El médico oftalmólogo Paulo Oliveira, del banco de ojos de Porto Alegre (capital del Estado de Río Grande del Sur), examinó al paciente y dijo que «los ojos de Olivio fueron retirados por alguien con habilidad quirúrgica». El médico destacó que en los cincuenta años de existencia del banco de ojos de Porto Alegre no había ningún registro semejante al caso de Olivio Correa.

Encarnación Zapata dice que hay muchos puntos oscuros en las declaraciones del campesino.

—El hombre estaba muy confundido. Dijo a la policía que se había caído sobre unos espinos que le penetraron en los ojos. Después habló que aceptó subirse a la moto de un extraño y que le había dado un golpe en la cabeza. Algo no cuadraba en esta historia.

La ciudad de São Paulo vista desde el mirador de la Cantareira.

¿Estaríamos ante otro caso de mutilación humana por alienígenas? Encarnación afirma que está en la pista del caso y está recibiendo informes de la policía para ver si puede aclarar algo.

Otro caso de mutilación humana ocurrió con Azira María de Jesús el 24 de junio de 1999, en la ciudad de Santa Izabel, cercana a São Paulo. Encontraron a la mujer muerta, en su cama, sin el rostro. Los médicos revelaron que la piel, la nariz, la lengua y los ojos y las orejas habían sido retiradas con precisión quirúrgica. Los dos forenses que firmaron el acta de defunción afirmaron que Alzira murió a causa de una neumonía bilateral y un choque séptico. Su rostro, según ellos, habría sido desfigurado por roedores. Es decir, nos encontramos con informaciones contradictorias...

Mi amigo y excelente ufólogo guatemalteco Jaime Castellanos me envió en 1996 una noticia estremecedora: encontraron a un zapatero muerto, con el rostro desfigurado y la mirada perdida en el infinito con dos orificios del diámetro de una bala de calibre 22 en el cuello. Se llamaba Manuel José Francisco y vivía en San Antonio Suchitepéquez (Guatemala). Su cuerpo fue hallado en la calle principal del pueblo.

Los indígenas de la aldea vecina, Zapoj, del municipio de San Francisco Zapotitlán, aseguraron que la noche anterior vieron un extraño ser con «cuerpo de caballo y gelatinoso, de color negro y con cabeza de murciélago» que voló por los aires hasta desaparecer. El juez Marco Tulio Loarca quedó sumamente sorprendido con las declaraciones del portavoz de los bomberos, Héctor Daniel Sosa. Las causas de la muerte no estaban claras, ya que había sido «un trabajo sumamente fino». No había marcas de sangre en la ropa ni se encontraron otros restos en el lugar de los hechos, como debería haber ocurrido en caso de que el ataque hubiese sido efectuado por una alimaña.

La epidermis del rostro fue retirada dejando al descubierto los músculos de la cara; la oreja izquierda estaba parcialmente mutilada y el cadáver no tenía una sola gota de sangre. Lo más espeluznante fue constatar que en la región derecha de su cuello presentaba dos profundas incisiones por donde se supone que le había sido succionada la sangre.

Claudia Hernández y su equipo del programa «Ocurrió así», son los virtuales descubridores de una cadena de sucesos que comenzó con una matanza de aves en Estanzuela, Zacapa, desde donde el mal se extendió. Y ahora cabe preguntarse de nuevo si las matanzas de los «chupacabras» están relacionadas con la agresividad del fenómeno ovni y si forman parte de un plan de experimentación. En el caso del zapatero asesi-

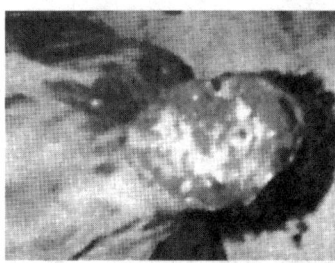 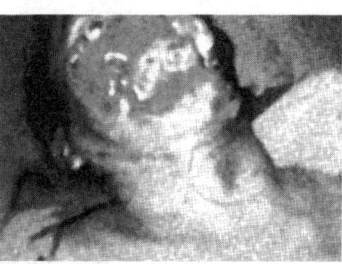

Caso del zapatero guatemalteco: ¿atacado por el chupacabras?
Rostro del cadáver de Manuel José Francisco:
¿mutilación con instrumentos especiales?

nado, la descripción de la criatura voladora parece coincidir con la de algunos «chupacabras» vistos en Centroamérica, México y Caribe. Pero ¿es el chupacabras una entidad extraterrestre o vinculada a seres superiores que vienen de otros planetas? ¿Se trata de una especie desconocida de animal?

Documentos del Gobierno norteamericano muestran que un sargento del Ejército fue secuestrado por un ovni en 1958 ante varios testigos. Algunos días después su cuerpo fue encontrado horriblemente mutilado. Otro caso, también verificado por el Ejército estadounidense, corresponde a un grupo de soldados en misión durante la guerra de Corea. Estos avanzaban sobre territorio enemigo cuando se toparon con «seres extraños» que retiraban parte de cuerpos humanos. Sin embargo, escasean más informaciones a este respecto.

* * *

En julio de 2002 el caso Guarapiranga volvería a la palestra, ahora de la mano del Instituto Nacional de Investigaçao de Pesquisas Ufológicas (INPU, www.inpu.hpg.ig.com.br) de São Paulo, capitaneado por Claudeir Covo y Paola Lucherini. Ambos, con Tânia da Cunha, publicaron un extenso artículo en la prestigiosa revista *UFO*, donde ponían en entredicho las investigaciones y conclusiones de Encarnación Zapata.

El INPU llegó a la conclusión de que las mutilaciones provocadas a la víctima eran obra de animales, de alimañas. El 15 de octubre de 1997 el conocido periodista Saulo Gomes anunció en un programa televisivo que el cuerpo del mutilado no había sido encontrado en la represa Guarapiranga, sino en la Billings.

Los miembros del INPU empezaron entonces a indagar más profundamente sobre el caso. Descubrieron que la víctima, Joaquim Sebastião Gonçalves, sufría de la enfermedad de Chagas, provocada por un protozoo llamado *Tripanosoma crucis* y que afecta el corazón. Gonçálves tomaba un medicamento llamado Gardenal, un paliativo, pues la enfermedad no

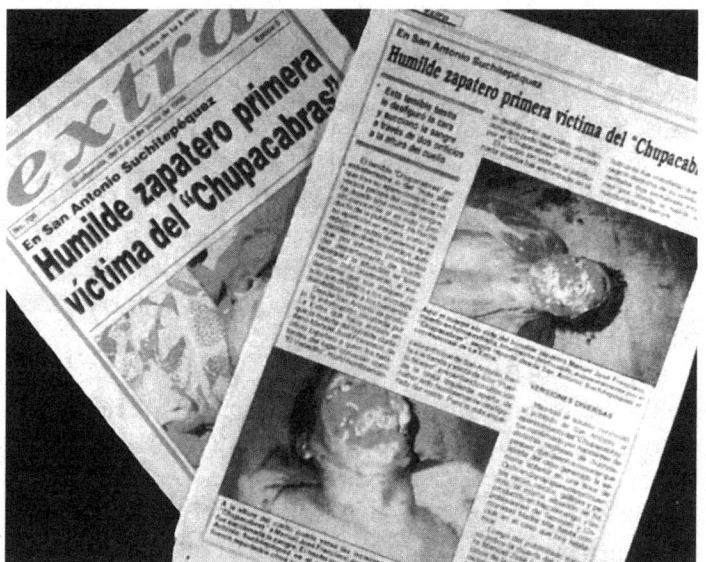
Periódico Extra, *donde se publicaba la misteriosa muerte del zapatero de San Antonio Suchitepéquez.*

tiene cura y, por lo general, el afectado termina sus días con el corazón completamente hinchado y reventado.

Lamentablemente, Gonçálvez, según el INPU, bebía mucho alcohol y murió con cincuenta y tres años. Desde que se marchó de casa, para pescar en la represa Billings, pasaron tres días hasta que se le encontró muerto, en el barrio Bororó de São Paulo, en un lugar llamado Jardim Recanto do Sol. Se había quitado la ropa y se quedó en paños menores (en calconzillos) guardando sus pertenencias en una maleta que escondió en un matorral. Entonces cruzó la represa (80 metros) y se fue a pescar a la otra orilla.

El INPU concluyó que la mezcla del medicamento y del alcohol fue explosiva para Gonçálvez y le provocó un desmayo. Sin haber nadie para ayudarle, su cuerpo fue presa de roedores y otras alimañas, incluso buitres, durante 24 horas. Un niño que estaba caminando por el matorral, a la caza de pajaritos, se topó con el cuerpo del pescador, ya mutilado. Con un tirachinas apartó los buitres que cubrían su cuerpo. Rápidamente avisó a los vecinos de la región que alertaron a los policías de la 25.ª Comisaria de Santo Amaro. Estos solicitaron la presencia de los bomberos, bajo el mando del sargento Milton de Souza Guedes, Elifas Morais Alves y Urban.

Con ayuda de un barquero, Antonio Gomes Filho, llegaron a la otra orilla y con una lona y cables llevaron el cuerpo de Gonçálves al otro lado, donde fue fotografiado por la policia. El suceso fue registrado en el Boletim de *Ocorrência* número 2.429/88 por el delegado Oswaldo Borges Profeta. El parte policial recibió el número 381/88. A petición de la comisaría, representada por el comisario Edson de Carvalho R. Viegas, se solicitó la investigación del médico Arlindo de Carvalho para este caso, y compareció al lugar del suceso. Emitió una opinión superficial, mencionando que la causa de la muerte debería ser anunciada por el Instituto Médico Legal del Estado de São Paulo.

Los forenses Jorge Pereira de Oliveira y Cláudio Roberto Zabeu realizaron un examen necroscópico (número 645/88), manifestando que la causa de la muerte se produjo por una hemorragia aguda y múltiples traumatismos, además de «estímulo vagal» (nervio vago o nervio pneumogástrico). El informe describe que fuera usado un instrumento de corte y aclara que la víctima presentaba lesiones con características de «reacción vital», es decir, que había sido torturada en vida.

Según el informe, se introdujo algún instrumento por la barriga de la víctima que succionó los órganos internos. Luego asociaron el suceso a un ritual macabro. Un examen de sangre mostró que no habían vestigios o elementos tóxicos. El médico Marco Antonio Desgualdo, del equipo F de la Comisaría de Homicidios y Protección a la Persona (DHPP), tras recibir el informe número 645/88 del IML, redactó un documento para aclarar algunas dudas respecto al instrumento utilizado, manchas y reacciones vitales. Jamás se publicó el contenido.

Otro médico, Eduardo Roberto Alcântara Del Campo, cree que la víctima pudo haber sido fulminada por un rayo, o quizá parcialmente. Esto explicaría las partes oscuras del rostro. Los miembros del INPU insisten en la teoría de que los animales produjeron los cortes y heridas, y que los ratones podrían haberse introducido dentro del cuerpo comiéndose los órganos vitales.

El sargento Guedes informó al INPU que diez días después de la muerte de Gonçalves se descubrió otro cuerpo humano desangrado, pero este sí en la represa Guarapiranga. Los buitres se cebaban con el cadáver. Según la Policía, las represas de Guarapiranga y Billings son conocidas por ocultar cuerpos de personas asesinadas por bandidos. Entre 1970 y 1998 se registraron más de mil cadáveres en sus orillas o aguas.

Un reportero del periódico *Noticias Populares* enseñó en 1997 las fotos de Gonçalves al famoso forense Fortunato Badam Palhares, responsable por la identificación del cuerpo del médico de las SS nazis Josep Menguele y de otros personajes macabros. Palhares aseguró que se trataba de la acción de alimañas. Sin embargo, entre los mismos ufólogos brasileños, el médico no goza de mucha confianza, puesto que se rumoreó su complicidad en encubrir la presencia de presuntos cadáveres de alienígenas capturados en la ciudad de Varginha, en Minas Gerais, en 1995. La prensa brasileña puso igualmente en entredicho sus autopsias y conclusiones con relación a la misma identidad de Menguele y de la causa de la muerte de un famoso colaborador del ex presidente Fernando Collor de Mello, supuestamente asesinado por su amante.

Así, las observaciones de Palhares con relación al caso Gonçálves podrían quedar bajo sospecha... El grupo GEPUC/CIPEX[1] de Curitiba (Estado de Paraná, www.gepuc.hpg.ig.com.br) opina en su página web —en un artículo de Jackson

---

[1] El CIPEX está formado por excelentes ufólogos, entre ellos Carlos Alberto Machado y Júlio César Godar.

Luiz Camargo— que los cortes encontrados en el pescador son muy parecidos a las que aparecen en los casos de mutilaciones de ganado provocadas, supuestamente, por el fenómeno ovni. Y sus miembros comparan una y otra forma: cuencas oculares vaciadas de ojos, axilas perforadas, ombligo recortado, labios arrancados, orificio anal recortado y remoción de vísceras.

El CIPEX también afirma que los cortes visibles en las fotos del pescador no corresponden en absoluto a dentelladas de animal, y para constatar eso no hace falta ser médico o especialista. Tampoco queda muy clara la extraña carbonización del rostro, y la hipótesis del rayo no aparece en los documentos firmados por los forenses: se trata solo de una especulación. Tampoco se puede explicar la simetría de las perforaciones en las axilas y en los pies, donde se encontró una incisión del mismo tamaño entre el segundo y el tercer dedos de ambos pies. Sería demasiada casualidad. Para el CIPEX, el matrimonio Claudeir y Paola ha sido acometido por el «síndrome del escéptico».

Lo cierto es que el caso Guarapiranga —ahora caso Bilings— no está cerrado. Hay mucho más que investigar. La muerte de Gonçalves puede ser un punto importante de partida para investigar otros casos que, desgraciadamente, pueden haber ocurrido en otros lugares, como el de Santa Izabel o el de Guatemala.

Capítulo 9

La «guacha» asesina de Colombia y los «enanos peleones» de Venezuela y Honduras

EL 4 DE JULIO DE 1969 es una fecha trágica para la historia de la ufología. En la cordillera andina, en las proximidades del pueblo de Anolaima, a 60 kilómetros de Bogotá (Colombia), un campesino llamado Arcesio Bermúdez, entonces con cincuenta y cuatro años, tuvo un encuentro mortal con lo desconocido. Pero vamos a ir desgranando esta increíble historia paso a paso.

El granjero vivía con sus familiares en su hacienda (en el distrito de Tocarema), situada en un terreno montañoso con frondosa vegetación. En aquel entonces no había energía eléctrica en la región. Estamos hablando de un pueblo de la Colombia profunda, con sus costumbres rurales y unos mitos ancestrales procedentes de los antiguos indios muíscas aún arraigados en el inconsciente colectivo de la población rural.

Hacia las 20.30 horas, durante una reunión familiar en una de las haciendas de la región, dos niños, Mauricio Ganecco y Enrique Osorio —de trece y doce años, respectivamente— estaban jugando cuando se percataron de algo extraño en el cielo: era una curiosa luz oscilante entre amarillo y naranja, a unos 300 metros de distancia. La noche estaba estrellada y la temperatura no superaba los 17 °C, según los registros meteorológicos de la época.

Los niños alertaron de aquella inusual aparición celeste llamando a los ocupantes de la finca.

—¡Hay una luz rara en el cielo! —gritaban a parientes y amigos que habían ido a pasar un fin de semana prolongado en el campo.

Poco después, siete adultos y seis niños acudieron al lugar donde estaban Mauricio y Enrique. Boquiabiertos, aún intentando digerir la carne asada, vieron que la luz se movía de este a oeste. A Mauricio se le ocurrió enfocar su linterna hacia la luz imitando la «clave morse». En ese preciso momento el objeto luminoso se lanzó hacia la casa con gran celeridad ante el asombro general.

Rosa Ortiz, la tía de los niños, les gritó:

—¡Apaga esa linterna, Mauricio, la cosa se nos viene encima!

Tan solo cuando el muchacho paró de señalizar fue cuando el objeto se detuvo entre los árboles de un cerro, a unos 60 metros de la finca. El padre de uno de los niños, Arcesio Bermúdez, estaba dispuesto a desvelar aquel misterio: temerario, agarró la linterna y se encaminó a paso firme hacia el cerro para investigar el fenómeno.

Cuando el granjero se acercó, vio un objeto en forma oval, con una altura aproximada de dos metros y color amarillo-anaranjado. Tenía dos patas de color azul luminoso y verde en la parte inferior. Además, estaba circundada por un aro de luz mucho más brillante que el resto del aparato. Situado entre los árboles, el ovni permaneció de cinco a diez segundos sin emitir sonido alguno.

Arcesio se acercó a menos de siete metros de distancia del objeto. En el interior y en su parte superior y transparente vio con claridad a una persona pequeña. De la cintura para arriba parecía una persona normal, pero su parte inferior semejaba a una letra «A» mayúscula que brillaba con alguna intensidad. Todo eso ocurrió cuando enfocó con el haz de luz de la linterna el objeto que, enseguida, se iluminó por completo y desapareció volando. Arcesio volvió aterrado junto a los suyos y, balbuceando, narró lo que había visto.

Cinco minutos más tarde los trece presentes pudieron ver otro objeto, o tal vez el mismo, de color rojo que pasaba a una altura de 100 metros. Se dirigía a Bogotá, manteniendo una velocidad lenta y uniforme.

* * *

Las 48 horas siguientes fueron terribles para el granjero: tenía baja temperatura corporal, falta de apetito y le surgieron unas manchas azules y oscuras en la piel. Además, había sangre en sus heces. Al cabo de una semana, viendo que su estado de salud requería cuidados médicos intensivos, sus familiares le llevaron en automóvil a un hospital de Bogotá. Los médicos que lo examinaron le diagnosticaron gastroenteritis aguda. A las 11.45 horas Arcesio Bermúdez fallecía en el hospital.

En Colombia la gastroenteritis es la tercera enfermedad que más muertes provoca y, por esta razón, los médicos dieron carpetazo al caso sin ahondar más o hacerle una autopsia a Bermúdez. Sin embargo, uno de los médicos que lo atendió en su granja, el doctor Luiz E. Borda, sospechó que la muerte de su paciente era algo «rara».

Por ello envió una carta al ufólogo John Simhon, de la APRO (Aerial Phenómenon Research Organization), de Estados Unidos, explicando que fue llamado por la familia Bermúdez a las 9 horas del día 12 de julio de 1969. Cuando llegó, a las 11 horas, se encontró al paciente vomitando y con diarrea. Su pulso era casi imperceptible y su rostro pálido. Le suministró dos centígra-

Arcesio Bermúdez, víctima de la «guacha» asesina.

mos de emetina, puesto que el hígado estaba inflamado y le recetó un tónico para el corazón.

Cuando volvió a su casa, hacia las 18 horas, su estado se agravó. No sentía su pulso y la temperatura estaba más baja de lo normal. Sospechó que podía tratarse de gastroenteritis provocada por los alimentos. Después supo, por la familia, que se alimentó de sardinas y salchichas. Un año antes había sufrido problemas renales —orinaba sangre—, pero ya estaba curado. Por lo demás, Arcesio era una persona saludable.

*Reconstrucción del caso Arcesio Bermúdez.
en la revista mexicana* Duda.

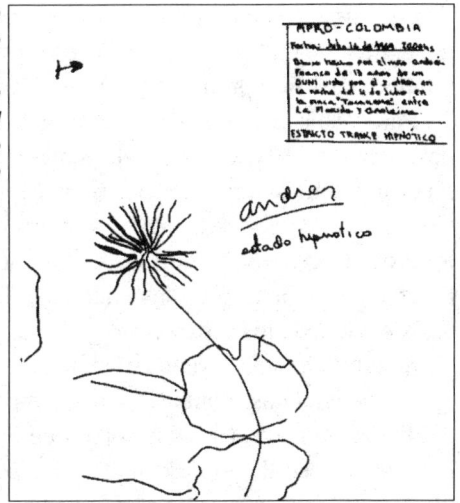

Dibujo del ovni visto por el niño Andrés Franco, en Anolaima, bajo hipnosis, para el representante de APRO en Colombia.

Recientemente, el ufólogo británico Alan Murdie decidió reabrir el caso. Viajó a Colombia y, en la hemeroteca de la Biblioteca Central de Bogotá, encontró un artículo publicado en el diario *El Tiempo* de 16 de julio de 1969, donde ya se planteaba la hipótesis ufológica para la muerte de Arcesio.

Murdie entrevistó en el pueblo de Tocarema a un vecino que se llamaba Primitivo Moneada, un septagenario que nació y se crió en Anolaima. En su opinión, las apariciones de extrañas luces en la región no eran ninguna novedad.

—Aquí las llamamos guachas, y la gente del campo cree que son almas en pena —le dijo Moneada al británico.

Y había un dato importante y novedoso: aquella u otra «guacha» había vuelto al mismo sitio la semana posterior al incidente en la finca de los Bermúdez. Según contaron los campesinos, la granja se había construido sobre un terreno donde había estado el templo de un jefe indígena. Según reza la leyenda, el cacique construyó un altar y enterró su tesoro allí. La luz era interpretada como una señal de que allí había oro enterrado.

Como yo mismo había verificado en muchos otros lugares de Suramérica, Colombia también alberga historias sobre apariciones de luces fantasmales asociadas a riquezas enterradas, generalmente custodiadas por los espíritus de los antiguos habitantes, casi siempre indígenas o esclavos africanos.

Pero había más elementos extraños situados en una zona nebulosa, entre la leyenda y la realidad. Pude averiguar que una de las más importantes civilizaciones prehispánicas de Colombia, los chibchas, narraron a los cronistas una extraña leyenda, la del «Niño de Oro». Los sacerdotes indígenas lo mantenían escondido en las cuevas de Furatena para librarlo de la codicia de los españoles.

Según la misma leyenda, aún se le oye llorar por los vericuetos de aquellas montañas y los campesinos se persignan y comienzan a rezar. El «Niño» para de llorar al amanecer. Dicen que con su llanto desorienta a los buscadores de fortuna, pero si un «guaquero» (ladrón de piezas arqueológicas) consigue atraparlo y le traza una cruz en la frente, pronunciando las palabras rituales del bautismo católico, el niño se transmuta en «tunjo» (objeto precolombino) de oro.

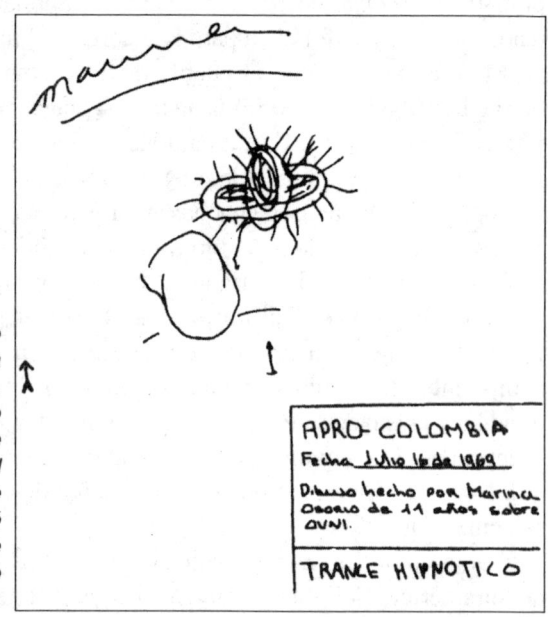

Dibujo hecho por la niña Marina Osório, también bajo trance hipnótico, del objeto que afectó mortalmente a Arcesio Bermúdez.

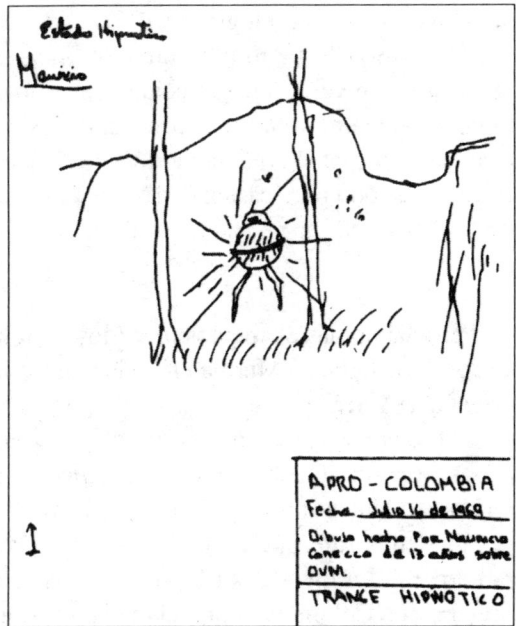

Tal como dibujó el niño Mauricio Ganecco, en trance, el ovni visto en Anolaima.

Otras apariciones, como las de la Madremonte, la Patasola, el Hojarasquín y la Tarasca, ocupan su puesto en la legión de los seres intermedios entre las criaturas de la luz y los entes subterráneos.

En Colombia también existían entidades llamadas mohanes —o mejor mojanes—, mencionados por cronistas como Cieza de León y Fernández de Oviedo, que los registran como espíritus de los ríos y lagunas. Eran guardianes de tesoros y otras riquezas ancestrales. En la Laguna de Ubaque un moján se dejó engañar: un cura español supo fingir exactamente la voz de un genio de la laguna; el anodadado guardián se distrajo ante la visita inesperada y así el listo sacerdote se apoderó de las riquezas de un cacique...

Durante mis investigaciones, junto con el ufólogo y historiador Cláudio Suenaga, en São Francisco de Salles (Brasil, en 2002), pude verificar sobre el terreno que existía una aldea indígena justo donde ocurrió el primer caso oficial de abducción de la historia de la ufología, en 1957, el del campesino Antonio Villas-Boas[1]. Tanto allí como en Tocarema los colonos practicaron un verdadero genocidio contra los indígenas. ¿Estaríamos ante una venganza ancestral de los espíritus guardianes que se perpetuó en el tiempo y en el espacio en ambos sitios? ¿O es todo pura casualidad?

* * *

Pero había más elementos misteriosos en la muerte de Arcesio. El meticuloso Murdie entrevistó al médico Alfredo Rodríguez de Varranquiera.

—Todos mis esfuerzos por acceder a los archivos sobre el caso se toparon con obstáculos burocráticos: parece que las autoridades médicas no han querido colaborar. Pero el rasgo más peculiar en la enfermedad de Bermúdez era la baja temperatura corporal. La muerte por hipotermia, en el mes de julio, es muy rara en Colombia —dijo el médico a Murdie.

El mencionado sobrino de la víctima, Gustavo Bermúdez, estaba harto de visitas de investigadores y supuestos ufólogos: desde 1969 los miembros su familia han recibido a colombianos y gente de otros países. Algunos decían venir de parte de la NASA. El más sospechoso de todos era un francés, aparentemente bien informado, cuya identidad y credenciales resultaron ser completamente falsas.

Pero Murdie aún descubriría algo que lo dejaría estupefacto. Cinco años después de la muerte de Arcesio, los agentes del servicio funerario del cementerio principal de Bogotá acudieron a su tumba para retirar sus restos mortales y trasladarlos a un osario. Sin embargo, y para sorpresa de los funcionarios, la tumba se encontraba completamente vacía. Algunos

---

[1] «¿Existió una implicación del Gobierno de Esatdos Unidos: Antonio Villas-Boas, las historia oculta de una abducción», en *Año Cero*, Madrid (España), número 153, marzo de 2003, y «Nuevos y sorprendentes datos: historia de una abducción», en *Enigmas del Hombre y del Universo*, Madrid (España), núm. 91, 2003, ambos de Pablo Villarrubia Mauso.

rumores señalan que el cuerpo fue trasladado a Estados Unidos o Francia.

No deja de ser curioso observar que en los años setenta se personaron en Araçariguama (Brasil) unos franceses que exhumaron el cuerpo —y se lo llevaron— de otra víctima de una «luz extraña», João Prestes Filho, fallecido en 1947, según averiguó recientemente el ufólogo Carlos Alberto Machado.

La rareza del caso Arcesio Bermúdez llevó a los doctores Luis E. Martínez García (también hipnólogo) y José Barreto, psicólogo, a hipnotizar a cinco de los niños que vieron el ovni en 1969. Cada uno de ellos dibujó el objeto por separado y después se hicieron las comparaciones encontrando similitud en los rasgos básicos. Al día siguiente de la sesión hipnótica, los doctores llevaron las ropas de los niños, el reloj y la linterna de Arcesio al Instituto de Asuntos Nucleares de Colombia. Allí los especialistas Toro, Sendales y Guzmán los examinaron, sin encontrar residuos radiactivos ni actividad neutrónica en ellos.

Pero había un dato importante que corroboraría con lo que los niños y adultos vieron. El investigador John D. Simon recogió una grabación realizada en el aeropuerto de Bogotá el 4 de julio de 1969 —la fecha de la aparición del ovni— en la que un piloto preguntaba si había un helicóptero sobre Anolaima, porque estaba en contacto visual con una luz amarillenta, la misma que había contestado con luces intermitentes cuando el avión encendió por unos segundos sus luces de aterrizaje

La torre de control no tenía conocimiento de ningún otro avión o helicóptero que estuviese sobrevolando la zona.

El encuentro ocurrió a las 20.30 horas. La distancia entre el avión y la luz fue entre cinco y ocho kilómetros, según el piloto. La posición se estimó teniendo en cuenta el radio-faro existente en las cercanías de la población de Anolaima. Los campesinos Clemente Bolívar y Rosalba Prieto, residentes en el municipio de La Florida, a tres kilómetros de la finca de los Bermúdez, también habían visto el ovni aquella misma noche.

* * *

Hacia las dos de la madrugada del 24 de noviembre de 1954, en la población de Petare, en Venezuela (cerca de Caracas) hubo otro incidente que afrontó a humanos y a no humanos. En una calle solitaria, hacia la madrugada, Gustavo González de León y José Ponce marchaban por una carretera en un camión por las afueras de Caracas. Trabajaban en una charcutería local y hacían su ruta de reparto de mercancías habitual.

De repente, se encontraron con el paso cerrado por una esfera luminosa de 2,40 a 3 metros de diámetro y que flotaba a unos dos metros de altura del suelo. González bajó del vehículo para inspeccionar el extraño aparato. Lo que no se esperaba es que su curiosidad le llevara a pelear con un «enano» de cuerpo rígido y velloso que, pese a ser muy ligero, resultó tan fuerte que empujó González a más de cuatro metros de distancia.

El iracundo enano se abalanzó sobre el asustado humano con los dos ojos como en brasas. El camionero sacó su cuchillo y le asestó una puñalada, pero el arma resbaló por su cuerpo como si este fuera de acero. Entonces salió otro ser de la esfera, el cual cegó a González con un rayo de luz deslumbradora despedida por una suerte de tubo pequeño.

Mientras tanto, José Ponce vio cómo otras criaturas salían de la maleza con las manos llenas de lo que parecía ser tierra o piedras. Con gran agilidad saltaron al interior de la esfera luminosa que seguía flotando en el aire. Todos aquellos grotescos seres llevaban unos simples taparrabos.

Ponce acudió a la comisaría de policía más próxima en la que poco después se presentó González, agotado y asustado. La policía pensó que se trataba de dos borrachos. Sin embargo, los dos se serenaron y contaron lo sucedido. González presentaba un largo y profundo arañazo en el costado. Tuvieron que administrarle sedantes a ambos y ponerlos en observación médica durante varios días.

Uno de los médicos que los atendió les confesó más tarde que creía en lo sucedido, pues presenció el incidente al pasar por allí con su automóvil, cuando regresaba de una visita nocturna. Él y su hijo se detuvieron para observar a dos hombreci-

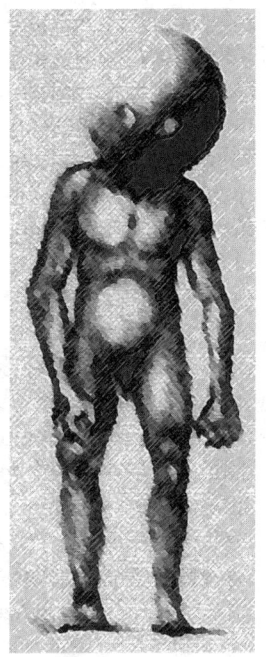
Humanoide que atacó a los dos comerciantes cerca de Petare (Venezuela), el 24 de noviembre de 1954.

llos que corrían hacia una espesura, y poco después vieron alzarse un objeto luminoso detrás del bosque y salir disparado hacia el espacio acompañado de un agudo siseo. Según un corresponsal de la Aerial Phenómena Research Organitation (APRO) en Venezuela, este médico fue después a Washington para comentar el caso con las autoridades estadounidenses.

Pocos días después, el 10 de diciembre de 1954, dos campesinos, Lorenzo Flores y Jesús Gómez, jóvenes cazadores ambos, se hallaban en las proximidades de la autopista Transandina, entre Chico y el Cerro de las Tres Torres —también en Venezuela—, cuando vieron un objeto luminoso de unos tres metros de diámetro y que se sostenía inmóvil a un metro del suelo. Tenía forma de «dos enormes palanganas encaradas» y emitía llamas por la parte inferior.

Al acercarse, vieron que bajaban de la nave cuatro hombrecitos de un metro aproximadamente de estatura. Acto seguido fueron atacados por ellos; hubo luego lucha, y Gómez se desmayó. Los enanos trataron entonces de secuestrar a Gómez, a quien arrastraban hacia el platillo, cuando Flores, usando su escopeta a manera de maza —pues estaba descargada—, le asestó un golpe tan tremendo a uno de los hombrecillos, que soltó su presa, retirándose los cuatro extraños seres apresuradamente a la nave.

El golpe fue tan fuerte que la escopeta se partió. No parece, sin embargo, que los hombrecillos hayan sufrido mucho daño, por ser de constitución sumamente fuerte y estar dotados, además, según pudieron comprobar Gómez y Flores, de fuerza extraordinaria.

Los dos amigos cazadores se apresuraron a regresar al pueblo cuanto antes, con las camisas destrozadas por los arañazos. Al visitar el lugar del suceso, la policía halló señales de lucha. Los médicos que reconocieron a los dos jóvenes los hallaron presa de un ataque de histerismo agudo, provocado por el miedo.

Aún por aquellas fechas, el 16 de diciembre de 1954, por la noche, el joven Jesús Paz iba en automóvil por las proximidades de San Carlos de Zulia, también en Venezuela. Cuando pasaba por el Parque de la Exposición, adjunto al Ministerio venezolano de Agricultura, Paz pidió al que conducía que detuviese el vehículo para hacer sus necesidades... De pronto, sus amigos oyeron que lanzaba un grito penetrante y, corriendo hacia él, lo encontraron tendido en el suelo e inconsciente, viendo al mismo tiempo a un hombrecillo velludo que corría hacia un objeto aplanado y brillante que se cernía a unos palmos del suelo. La máquina desapareció con un silbido ensordecedor.

En el hospital se comprobó que Jesús Paz presentaba largos y profundos arañazos en el costado derecho y en la espalda, y pensaron que había sido atacado por un animal salvaje. Pasó el resto de la noche en el hospital, donde le apreciaron un fuerte choque nervioso. El caso fue registrado también por la APRO.

Por ironía del destino, en aquella misma noche, pero en Estados Unidos, el presidente Dwight D. Eisenhower, en una conferencia de prensa, afirmó que los platillos voladores no procedían de los espacios interplanetarios y solo existían en la imaginación de los observadores...

El 19 de diciembre de 1954 —tres días después del incidente con el joven Jesús Paz—, un *jockey* de dieciocho años llamado José Parra corría para entrenarse por una nueva carretera entre Valencia y Caracas, también en Venezuela. Entonces vio a seis hombrecillos que recogían piedras al lado de la cuneta y las cargaban en un aparato discoidal suspendido en el aire a menos de tres metros del suelo. Emprendió prudentemente la retirada, pero quedó inmovilizado por un rayo color violeta que surgió de un artefacto con el que le apuntaba uno de los pequeños seres.

Parra se quedó allí, inmóvil e impotente, mientras los humanoides saltaban ágilmente a bordo del disco, que desapareció velozmente en el cielo. Varias personas vieron el objeto entre la medianoche y las 3.15 horas de la madrugada. Estaba suspendido a unos palmos del suelo cerca del Sanatorio Antituberculosis de Bargulla, en la región de Valencia. La policía examinó el lugar señalado por Parra y descubrió numerosas pisadas que no se podían atribuir a seres humanos ni animales.

¿Pertenecen estos casos a lo imaginario del pueblo venezolano? Aparentemente las heridas y golpes eran muy reales... Durante mi viaje a Honduras, en 1998, cuando visitaba el parque nacional de Pico Bonito, en la costa atlántica de aquel país, me topé con un guarda forestal que me contó una historia increíble que ahora asocio con los extraños seres enanos y peludos de Venezuela. Se trataba de José Saba Martínez, de setenta años.

Montañas de San Francisco de la Paz (Honduras), región donde los sipes —enanos peludos y peleones— supuestamente atacan a los humanos.

—Yo oí mentar que existían gigantes en estas montañas, pero que desaparecieron. Los que aún existen son los «pactados», o sea, los que pactan con el diablo y que allí residen —me dijo el campesino, palmoteando sus espaldas para matar a los mosquitos.

José Martínez era aún niño cuando vio otra categoría de seres, los sipes, mientras cazaba cerdos salvajes junto con un pariente.

—Yo me vine aquí a los trece años. Soy de Olancho, el departamento más grande y menos conocido del país, donde la selva se adueña de todo. Vi a los sipes en las montañas de San Francisco de La Paz. Son chiquitos, del tamaño de un cipote (niño). A algunos les llega la barba hasta casi las rodillas y las mujeres tienen el cabello muy largo. Ellos sólo se manejan en los quemados de la milpa (cultivo de maíz) para comer las cenizas, pero también comen frutas y animales —refería mi interlocutor, como si tales seres formaran parte del cotidiano de los campesinos y cazadores.

Y seguía describiéndome a los sipes:

—Ellos no hablan con nadie. Son negritos, puro tizón y andan desnuditos. Cuando los vi en la milpa estaban en grupo y eché a correr, pues decían que los que los miran mueren a garrotazos. Supe de casos de gente que murió así en manos de los sipes enojados. Son bajitos pero recios, estos hombrecitos. Si usted va a cazar con los perros, los matan a todos —me decía con el divertido lenguaje de los lugareños.

Algunos relatos de apariciones de sipes muestran que tales enanitos tienen, al igual que algunos sisimites —el abominable hombre de las selvas centroamericanas—, «los pies hacia atrás». En su libro *Por cuentas aquí en Nacaome,* las folcloristas Karen Ramos y Melissa Valenzuela (Tegucigalpa, 1996) recogen relatos de la región de Nacaome, donde los sipes se infiltran en las casas y se comen las cenizas de los hornos. Una de sus informantes les contó cómo un hombre capturó a un sipe y lo encerró en un barril. Por la noche le echó agua bendita y al día siguiente la criatura amaneció muerta.

Capítulo 10

Casos de aviones y pilotos desaparecidos o muertos ante los ovnis

LOS PILOTOS DE AVIACIÓN son considerados por muchos ufólogos «testigos de elite», pues son personas preparadas para volar y reconocer los objetos que vuelan a su alrededor, incluso con nociones de astronomía. Por eso su opinión cuenta positivamente al evaluar un caso de avistamiento ovni, que son muy frecuentes entre este colectivo profesional a causa de su constante labor aéreo.

En 1986 al Federal Aviation Administration (FAA), la Aviación Civil de Estados Unidos, realizó un concienzudo estudio sobre los ovnis y llegó a estas conclusiones: «Los extraterrestres existen, nos visitan cuándo y cómo quieren y no siempre se comportan amistosamente con los seres humanos. Además, parece que los ovnis cruzan nuestro espacio aéreo a través de dos grandes rutas intercontinentales, la denominada línea Bavic y la línea Soupo».

La ruta Bavic atraviesa —de sur a norte— Suramérica, el Atlántico, península Ibérica, Francia, gran parte de Europa y de Rusia, Asia y Oceanía. La línea o ruta Soupo atraviesa Norteamérica, Groenlandia, Gran Bretaña, Francia, Italia y todo el nordeste de África. Ambas rutas han sido descubiertas por el ufólogo Aimé Michel y ampliadas o desmenuzadas por Antonio Ribera y Jacques Vallée.

Veamos algunos casos de aparente agresividad o quizá de temeridad humana, como el caso Mantell, que debió forzar al límite el reducido potencial tecnológico de su avión.

1948. Thomas Mantell: persecución mortal

El día 7 de enero de 1948 estaba reservado para la historia de la ufología como una fecha trágica. En ese día el capitán de la Fuerza Aérea Norteamericana Thomas Mantell fue víctima de un extraño accidente aéreo. Todo empezó en el Estado de Kentucky, en las cercanías del Fort Knox, conocido por ser el lugar donde el Gobierno de Estados Unidos guarda sus reservas de oro.

El sargento Balckwell, de la policía militar de Godman Field, sobre las 13.30 horas, señaló en el cielo un objeto circular de unos noventa a cien metros de diámetro. Un cuarto de

El piloto Thomas Mantell, trágicamente muerto durante una persecución a un ovni en 1948.

Abajo, *el Mustang F-51, avión que pilotaba Mantell antes de morir.*

hora más tarde este objeto sobrevoló el aeropuerto. Inmediatamente una escuadrilla de cazas partió de la base de Fort Knox con órdenes de perseguir al intruso aéreo, de capturarlo o abatirlo.

Uno de los pilotos, el testarudo Thomas Mantell, mantenía la persecución del desconocido con su Mustang F-51 (monomotor, hélice). A las 14.45 emitía a la base el primer parte radiofónico de su misión.

—El disco está sobre mi avión y se desplaza a cerca de trescientos kilómetros por hora.

Poco después se oyó la voz de uno de sus colegas, que preguntaba:

—¿Qué demonios estamos buscando?

Unos minutos después, Mantell volvía informar:

—El objeto parece metálico y terriblemente grande. Mientras, los otros dos pilotos, B. Hammonds y A. Clements, habían abandonado la persecución para reabastecerse de combustible y conseguir máscaras de oxígeno. Mantell se quedó solo persiguiendo al objeto.

A las 15.15 horas, llegaba a la torre de control una nueva transmisión de Mantell:

—Sigo subiendo. El disco se mantiene sobre el avión y se desplaza a mi velocidad, es decir, a unos quinientos setenta kilómetros por hora.

Poco tiempo después de esta comunicación los otros aviones aterrizaron en la pista del aeródromo. El temerario capitán Mantell no «tiró la toalla» y fue subiendo progresivamente hasta que pareció claudicar:

—Estoy a seis mil metros de altura. Ya no puedo acercarme más. Voy a regresar.

Estas fueron las últimas palabras de Mantell. El teniente Clements volvió a despegar de Standford en busca de su comandante. Ascendió a 10.000 metros y llegó hasta 150 kilómetros al sur de Godman, pero no consiguió avistar el avión de Mantell ni el ovni. Poco después llegó la terrible noticia: el avión se había estrellado cerca de la localidad de Franklin, a unos 140 kilómetros al sudoeste de Fort Knox, junto a la frontera de Tennessee. Su reloj se había parado a las 15.18, tres minutos después de la última comunicación recibida por la torre de Godman.

Cuando encontraron el avión destrozado en el suelo, el altímetro señalaba 10.000 metros, es decir, 4.000 más de lo que informaba en su última transmisión. Es posible que, a aquella altitud, el avión se encontrara en un espacio de aire muy escaso y cayó en picado, sin control. En realidad, nunca se supo la verdadera causa del desastre. Mantell, de todas formas, a pesar de sus veinticinco años, tenía más de 3.000 horas de vuelo y había combatido en la Segunda Guerra Mundial, mereciendo una condecoración.

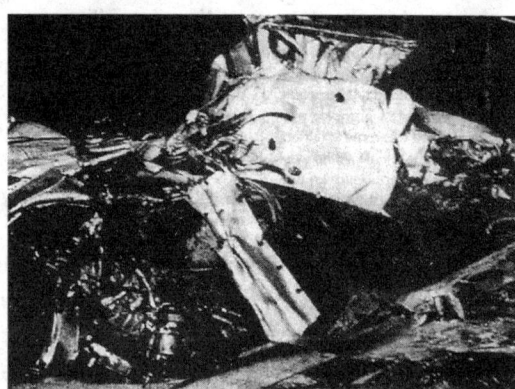

En pedazos..., así fue encontrado el avión que pilotaba Mantell...

Lugar donde fue hallado el Mustang F-51 de Mantell.

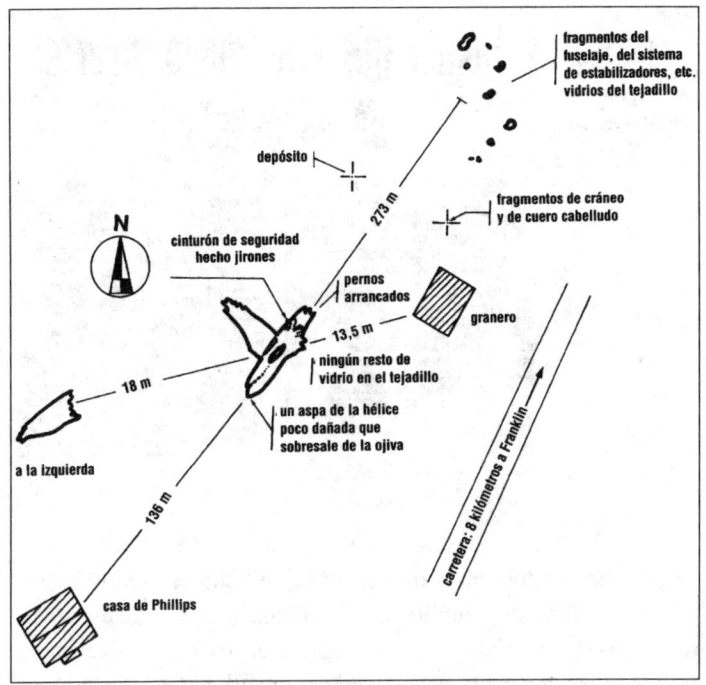

Distribución de los restos del avión y del cuerpo de Mantell.

Mucho se especuló al respecto. Se habló en un paro brusco de los motores, «forzado» a subir más y más. O que los tripulantes del platillo volador usaron algún tipo de arma para impedir el avance del avión. Pero también se dijo que el piloto, al no tener una máscara de oxígeno, subió por encima de la cuota reglamentaria de seguridad, a 4.500 metros, y se desmayó por anorexia, o sea, por falta de oxigeno en la sangre. Sin control, el avión cayó en picado y se estrelló.

Lo cierto es que el coronel Guy Hix observó con anteojos el objeto hasta que fue cubierto por las nubes y expresó que era absolutamente blanco, excepto una franja roja que parecía estar dando vueltas. Dijo Hix que primero apareció tal franja en la parte superior del objeto y luego en la inferior.

* * *

Periódico que publicó la noticia de la primera víctima aérea de los ovnis.

Hondo misterio rodea muerte de un aviador

SU AVION CAYO A TIERRA MIENTRAS INVESTIGABA UN EXTRAÑO OBJETO DESCRITO COMO "MEDIA LUNA", QUE FUE OBSERVADO AL SUR DE KENTUCKY

LOUISVILLE (Kentucky) 8 (U. P.).— El más hondo misterio rodea la muerte del capitán Thomas F. Mantell, de la guardia nacional aérea de Kentucky, cuyo avión cayó a tierra mientras investigaba un extraño objeto descrito como "una media luna" y que fué observado el Miércoles al sur de Kentucky y en la parte central de Tennessee.

Mantell era uno de los tres pilotos de la guardia nacional que trató de investigar "la cosa" mientras realizaban un vuelo

El coronel Hix observó con anteojos el objeto hasta que él fué descubierto por las nubes y expresó que era absolutamente blanco, excepto una franja roja que parecía estar dando vueltas.

Dijo Hix que primero apareció la franja roja en la parte superior del objeto y después en la inferior.

El misterio ha revivido los comentarios de los platillos voladores. Algunos observadores creen que se trataba de un globo de los usados por las oficinas meteorológicas, pero, los de esa zona informaron que todos sus globos habían estallado en el momento que se fijó para tal fin.

Muchos documentos del caso Mantell siguen siendo secretos, especialmente aquellos relacionados con el análisis de sus restos mortales. Pero, recientemente, un ex capitán retirado, James Duesler, reveló aspectos desconocidos del caso. Él pertenecía a la oficina de Investigación de Accidentes Aéreos y fue enviado al lugar del siniestro. Allí pudo verificar que los restos del avión se encontraban en el centro de un pequeño claro rodeado de árboles altos. Las alas y la cola se habían desprendido y se hallaban a pocos metros de distancia del fuselaje, que estaba prácticamente intacto.

En el informe de la USAF se decía que el avión de Mantell se había «desintegrado», lo que no era verdad. Lo más extraño es que el aparato parecía haber caído «boca arriba», y no con el morro, como normalmente debería suceder. Duesler no vio el cadáver del piloto, pero otros militares le comentaron que el cuerpo no presentaba heridas superficiales, aunque tenía los huesos «fragmentados y pulverizados». Tampoco se encontraron restos de sangre en la cabina del Mustang.

Unos días antes, un aviador civil estadounidense estaba al mando de su avioneta cuando notó que el motor le fallaba.

Pensó que se hubiera acumulado hielo en el carburador y abrió el gas, pero, para su estupefacción, el motor se paró completamente. Sin embargo, el avión no se inclinó hacia abajo —como sería natural—, sino que siguió en la horizontal.

El piloto sintió pinchazos en todo el cuerpo y hormigueo, como si estuviera dentro de un intenso campo eléctrico. A cierta altura, tuvo la sensación de que estaba siendo observado y, mirando hacia arriba, vio que planeaba sobre él un platillo volador. Al fin de un tiempo que no supo precisar, el piloto logró retomar los mandos y el motor volvió a funcionar. Regresó tranquilamente al aeropuerto. Este caso, sin nombres ni lugares, lo narró el escritor Harold T. Wilkins en la *Contemporary Review*.

23 de noviembre de 1953.
Caso Kinross, lago Superior, Estados Unidos

En esa fecha, un avión F-89 de la USAF interceptó sobre el lago Superior (Michigan) un gigantesco ovni. El avión despegó de la base militar de Kinross (Wisconsin) con el piloto Felix Moncla y el radarista Robert Wilson a bordo. Ambos fueron guiados hacia el objeto hasta que, en las pantallas del radar, la señal del F-89 pareció fundirse con la del ovni. Al cabo de un rato, esta señal también desaparición. Se inició la búsqueda del avión perdido, pero nunca más encontró ni un solo vestigio.

A mediados de 2003, la web estadounidense *thetownwalk.com* informó que el investigador de origen canadiense Gordon Heath, de cuarenta y ocho años, reabrió el estudio del tema, interesado en descubrir lo que aconteció con los dos pilotos de la USAF. Heath se desplazó hasta la localidad de Avoyelles Parish para acceder a los archivos de la prensa local y entrevistar a los amigos de Moncla y su familia.

En un primer momento, la Fuerza Aérea dijo que el F-89 y el ovni se habían fundido en la pantalla del radar, y la agencia de noticias Associated Press transmitió una historia con esa información.

Luego, la Fuerza Aérea entregó otra versión asegurando que el objeto que ellos estaban persiguiendo era un *jet* canadiense, pero, extrañamente, la Real Fuerza Aérea de Canadá, no coincidió con esa versión de la historia.

En 1968, quince años más tarde, algunos excavadores próximos a la ciudad canadiense de Sault Ste. Marie, encontraron los restos enterrados de una aeronave, la que se cree podrían haber correspondido a un *jet* F-89, el que habría sufrido un accidente en la misma noche que el F-89 de Moncla desapareció.

En la actualidad, Beryl Moncla (77), quien fuera esposa del desaparecido piloto, esta casadá con Buddy Moncla, un primo de él. Al ser consultada sobre lo ocurrido comento: «Todo lo que nos dijeron es que su avión cayó y que ellos nunca fueron encontrados». Mientras que Buddy señaló: «Dijeron que en la última transmisión grabada (Gene) estaba diciendo, *estoy acercándome para echar una ojeada más cerca*».

Hoy, tras casi cinco décadas de su desaparición, en el memorial a Felix Moncla, levantado en el cementerio católico del Sagrado Corazón, en Moreauville, se puede leer: «Desaparecido el 23 de noviembre de 1953, en la interceptación de un ovni sobre a frontera canadiense, como piloto de un avión a reacción Northrop F-89.»

Cuba, marzo de 1967

Dos cazas Mig cubanos perseguían a un ovni que entró en el espacio aéreo de la isla. Uno de los aviones recibió orden de preparar los misiles para derribar el invasor, pero súbitamente, tras comunicar que estaba listo para disparar, explotó en pleno vuelo ante la aterrada mirada del otro piloto que lo seguía.

Caso Valentich, 21 de octubre de 1978, Australia

Uno de los casos más mencionados en las enciclopedias ufológicas. En aquella fecha, el joven piloto Frederick Valentich, de veinte años, comunicó por radio a Melburne que un ovni lo seguía de cerca. Estaba sobrevolando el estrecho de Bass, que separa Australia de la isla de Tasmania.

Valentich volaba en un Cessna 182, y iba a dar una vuelta alrededor de la isla del Rey para acumular horas de vuelo nocturno y pescar langostas para unos compañeros.

Mientras el piloto describía el objeto, su voz quedó enmascarada por un sonido estridente. Se escuchó un ruido metálico, como una explosión, que se prolongó durante 17 segundos. Luego la comunicación se cortó.

Jamás se volvió a saber de Valentich y su avión. Unos días después se encontró una mancha de aceite y algunos restos que resultaron ser cajas de cartón y bolsas de plástico semisumergidas, y los análisis determinaron que el aceite no era del avión. El objeto tenía forma alargada y era de color verde.

Frederick Valentich, desaparecido en Australia en 1978.

Arriba: El Cesnna 182, pilotado por Valentich antes de su desaparición, tras ver un ovni.

Leamos la transcripción de la conversación del piloto con la torre de control:

—Vuela delante de mí, tiene forma alargada. No puedo distinguir nada más. Viene hacia mí justo ahora, parece estacionario. Estoy girando a su alrededor, pero él lo hace conmigo, manteniéndose debajo de mí. Tiene un faro verde y una especie de luz metálica por fuera. ¡Ha... desaparecido!

Curiosamente, unos meses antes Valentich comunicó a su familia que había visto un «objeto muy iluminado que se movía en el cielo de sur a norte a enorme velocidad» y que había consultado algunos documentos secretos sobre ovnis en la base aérea de Sale.

Cabo Rojo, Puerto Rico, 28 de diciembre de 1988

Dos cazas F-14 estadounidenses trataban de interceptar un enorme ovni de forma triangular y fueron absorbidos o se «fusionaron» con el mismo. El incidente fue observado desde tierra con prismáticos y por el radar. El ovni se dividió en dos secciones triangulares que luego se alejaron en el espacio infinito.

Capítulo 11

¿Qué nos ocultan los Gobiernos?

LA AGENCIA NACIONAL DE SEGURIDAD de Estados Unidos elaboró en 1968 un informe sobre los ovnis en el cual destaca que estos realmente existen y advierte que el país debe prepararse para un confrontación con seres del espacio.

Sin embargo, este informe permanece secreto y las autoridades estadounidenses niegan su existencia. El documento establece la superioridad técnica de quienes son poseedores de los ovnis, ya que acota que «tal como lo establece una antigua regla que aún es válida, si ellos nos descubren a nosotros, son ellos los que están tecnológicamente más avanzados».

«La historia humana —advierte la agencia— nos ha mostrado una y otra vez los trágicos resultados de una confrontación entre una civilización más adelantada y pueblos de nivel inferior de desarrollo.» Parte de este informe fue publicado por la revista *National Enquirer* donde trabajaba uno de los mejores periodistas del mundo dedicado a la temática ovni: Bob Pratt.

Pratt, un afable y tenaz investigador, recorrió varios países del mundo en busca de pistas sobre la existencia de los extraterrestres. Pero fue justamente en Brasil donde encontró los casos más espectaculares e igualmente fatídicos relacionados a la actitud agresiva de los ovnis.

La Agencia Nacional de Seguridad de Estados Unidos recurre a un símil de fácil comprensión que exhorta a la acción en cuanto a los ovnis: «Si usted camina solo por un sendero de la selva y alguien grita, su reacción será inmediatamente defensiva. Usted no perdería demasiado tiempo en especulaciones antes de actuar. Si existiera algún arma, tendría que utilizarla y comenzaría inmediatamente la batalla por su supervivencia».

«La necesidad de investigación se transformaría en una emergencia urgente a fin de aislar el desafío y determinar su exacta naturaleza. Usted se vería obligado a desarrollar medidas adecuadas de defensa en un mínimo de tiempo. Al parecer, se requiere aplicar algo más esta actitud de supervivencia para afrontar el problema de los ovnis.»

El informe fue severamente censurado antes de permitir su publicación, y no indica quiénes lo escribieron ni a quién está destinado. Sin embargo, y en tiempos más recientes, en el año 2000, salió a la luz, con nombres y apellidos, el informe Cometa, firmado por un nutrido grupo de militares y científicos franceses de alto rango. Yo estaba en París por aquellas fechas, cuando salió en los quioscos la revista *VSD* especial que, en realidad, era la transcripción del informe que fue entregado al presidente francés Jacques Chirac y a su primer ministro, Lionel Jospin.

El «rapport» (informe) del grupo Cometa fue redactado por una asociación privada —oficiosa y no oficial— compuesta por antiguos auditores militares del Instituto de Altos Estudios de la Defensa Nacional (IHEDN) y científicos, algunos del CNES (Centro Nacional de Estudios Espaciales), la «NASA» francesa. Muchos de los datos proceden de la Gendarmería Nacional, de la Armada y del SEPRA (organismo del CNES que se encarga de los informes de ovnis). Cometa está presidido por el general Denis Letty, del Ejército del Aire, y tiene entre sus colaboradores más ilustres al físico Jean-Jacques Vélasco, director del SEPRA (antiguo GEPAN), entidad que investiga oficialmente el fenómeno ovni.

El informe tiene en cuenta la posibilidad de que los ovnis amenacen la seguridad de los Estados y ciudadanos terrestres. En el apartado «¿A qué situaciones debemos prepararnos?» se propone la elaboración de las siguientes estrategias: «Aparición de ovni y voluntad extraterrestre de establecer un contacto oficial y pacífico; descubrimiento fortuito o no de una microbase o de una base sobre un punto cualquiera del territorio o de Europa (actitud a adoptar de cara a una potencia amiga o no); invasión (poco probable teniendo en cuenta el hecho de que podría haber sido conducida antes del descubrimiento del átomo) y ataques localizados o masivos sobre puntos estratégicos o no; manipulación o desinformación deliberada con vistas a desestabilizar otros Estados».

Y Cometa no se limita a describir las posibilidades, sino también a presentar soluciones. Por ejemplo, ante la aparición de un ovni, el ciudadano debe «...dejar a los visitantes la iniciativa de un eventual contacto y evitar una mediación prematura». También advierte que el testigo de un ovni debe adoptar una cierta discreción ante la prensa para que los científicos puedan estudiar el caso sin despertar la «...curiosidad del gran público que puede conducir a la desaparición de elementos importantes».

Veamos algunas de las conclusiones del informe Cometa:

- «Ciertos PAND ("un fenómeno no identificado a pesar de la abundancia y cualidad de los datos") parecen ser máquinas voladoras desconocidas, de evoluciones excepcionales, guiadas por una inteligencia natural o artificial.»

- «La acumulación de observaciones bien documentadas hechas por testigos creíbles obliga, en adelante, a encarar todas las hipótesis sobre el origen de los objetos voladores no identificados, los ovni, en particular la hipótesis extraterrestre...», general Denis Letty (pág. 6).

- «Estamos en el derecho de pensar que estos visitantes —seguros de su superioridad— muestran sus intenciones de seguir dándose a conocer en los lugares más diversos del planeta y de proseguir la ejecución de los planes, cuyas finalidades y los medios aún se nos escapan...» (pág. 56).

- «... Hace falta analizar discretamente, pero a fondo, las diferentes tentativas de desinformación puestas en práctica por ciertos gobiernos extranjeros; la inquietud de sus gobiernos de apropiarse de sus eventuales tecnologías futuristas de aeronaves militares y de armas podrá contribuir a explicar estas tentativas...» (pág. 63).

- «La manipulación: los medios de comunicación pueden ser manipulados por los *lobbies* o grupos de presión con finalidades sectoriales (por ejemplo, empujar a los hombres de política a crear un instituto de desinformación anti-ovni) y de esta manera hacerse los voceros involuntarios de una maniobra de desinformación o de una tentativa de desestabilización» (pág. 70).

- «Ellos (refiriéndose a los organismos franceses que investigan oficialmente los ovnis) demuestran la realidad física cuasi segura de los objetos voladores desconocidos, las funciones de vuelo y el silencio destacable aparentemente movido por inteligencias. Estos objetos voladores impresionan fuertemente, por sus maniobras... estos ingenios secretos de origen terrestre... solo pueden explicar una minoría de casos...» (pág. 71).

- «Solo una presión creciente de la opinión pública, eventualmente sostenida por los resultados de los investigadores independientes, de divulgaciones más o menos calculadas o todavía un aumento de las manifestaciones de ovnis, podrían, quizá, persuadir los dirigentes y los responsables americanos a modificar su actitud» (página 85).

Años antes, en 1993, el Centre National de Recherches Scientifiques (CNRS), el máximo organismo de investigaciones científicas francés, había realizado un sondeo sobre los ovnis y fenómenos paranormales, mostrando una gran aceptación por parte de la opinión pública del fenómeno ovni.

* * *

El mayor Colman Von Keviczky, ingeniero militar graduado en la Real Universidad Militar de Budapest, advertía que, en los años ochenta, Europa estaba en peligro a causa del fenómeno ovni. Colman contrastó las apariciones de onvis entre 1970 y 1976 en el mundo y descubrió que 500 a 600 casos encuadraron dentro de las crisis de Oriente Medio.

Las apariciones estaban concentradas en la parte norte de la Unión Soviética, donde existían cargamentos y embarque militares. Y la segunda concentración más amplia, la localizó en el Atlántico, donde existen lugares estratégicos como el canal de la Mancha, Bruselas y Gibraltar, puerta de entrada al Mediterráneo. «Esto es concentración militar, y hablando militarmente, estamos bajo esa observación», decía el mayor Colman.

Y son muchos los informes que confirman la tesis de este estratega. Podemos mencionar lo ocurrido en 1967 cuando una «flotilla» de ovnis espiaron las maniobras antisubmarinas de la octava operación «Unitas» que llevaron a cabo conjuntamente la Marina de los Estados Unidos y la de Perú.

Los ovnis fueron observados por oficiales y marineros del barco de la Armada peruana *Rodríguez*, un buque escolta, una vez que esta nave había terminado una maniobra de abastecimiento conjuntamente con el petrolero *Sechura*, también de la Armada peruana. El teniente segundo de la Armada peruana Federico Alvariño ordenó a los vigías que siguieran con los prismáticos las evoluciones de los extraños artefactos que aparecieron de repente sobrevolando el cielo, desprendiendo una luminosidad intensa, a veces roja, y otras, verde, amarilla o anaranjada.

Pero solo recientemente el Gobierno peruano constituyó una comisión oficial investigadora del fenómeno ovni en el seno de la Fuerza Aérea de aquel país andino. Hasta ahora se han limitado a recoger material —cosa que probablemente ya hacían desde hace muchos años, pero sin declararlo oficialmente— e incluso disponen de una importante filmación obtenida en el año 2003.

Según el más veterano de los ufólogos hispanos, el ya fallecido Antonio Ribera, un grupo importante de estudiosos del fenómeno ovni afirma que las informaciones que circulan sobre los platillos voladores son generadas y puestas en circulación por el propio poder político de algunos país —como Estados Unidos—, empeñado en mantener el control sobre la población a través de noticias falsas y tendenciosas.

La idea que reparte Hollywood, por ejemplo, de que los alienígenas son una clara amenaza para la humanidad forma parte de esta propaganda. Recientemente hemos visto una película que sigue esa línea, *Signs (Señales)*, que desaprovechó uno de los temas más interesantes y reflexivos de la ufología para transformarlo en una esperpéntica invasión de extraterrestres malos.

Según muchos ufólogos, esta y otras ideas inculcadas directa o indirectamente por las fuerza gubernamentales tienden a mostrar que los alienígenas son «un enemigo que hay que combatir», pero sin afirmar que existen. De esta manera, el Pentágono puede aprobar y justificar programas como la Guerra de las Galaxias u otros que ni siquiera conocemos.

La llamada «teoría del enemigo externo» apunta hacia un primer contacto de los gobiernos que dominan el mundo con los extraterrestres como un cambio radical en la humanidad. Posiblemente, el poder establecido se vendría abajo ante civilizaciones más evolucionadas que la nuestra.

El poder ejercido actualmente por Estados Unidos en el ámbito mundial demuestra que no está dispuesto a perderlo, incluso ante una probable amenaza extraterrestre. Para el analista Leonard C. Lewin, autor de «Informe desde Iron Mountain», eminentemente político, muestra que ningún grupo político dominante ha conseguido mantener su autoridad tras haber fracasado en la tarea de presentar como creíble una amenaza externa.

Esto se aplica claramente a la situación de la última guerra de Estados Unidos contra Irak: el Pentágono tuvo que buscar una excusa —aunque fuera falsa o forjada— para atacar al país petrolero. En este caso se nos «vendió» la idea de que Sadam Husein ocultaba armas de destrucción masiva.

Las inteligencias que se ocultan trás el fenómeno ovni representan una amenaza para las actuales estructuras de poder y, por ello, deben ser presentadas como hostiles. Como ya hemos dicho, Hollywood se encarga desde tiempos de la «guerra fría», hace más de cincuenta años, de hacer esta propaganda demonizadora de los extraterrestres. ¿Quién no recuerda *Independence Day?*, un alegato a la protección que ofrece al mundo el Gobierno y las Fuerzas Armadas de Estados Unidos.

De hecho, la CIA (Central Intelligence Agency) perpetúa una política de *debunking*, es decir, de descrédito sistemático aplicado al fenómeno ovni. Eso explica por qué la USAF expresó oficialmente que «ningún estudio, investigación o análisis sobre los ovnis realizados por la Fuerza Aérea de Estados Unidos ha descubierto nunca ninguna amenaza para la seguridad nacional».

En 1953 un comité gubernamental, el jurado Robertson, indicó la necesidad de vigilar las actividades de los grupos privados de investigación sobre los ovnis, «a causa de su gran influencia potencial sobre la opi-

H. P. Robertson, físico que estudió con un comité los informes del Blue Book.

nión pública, en caso de que la difusión del fenómeno llegue a ser más masiva». El mismo jurado proponía «... confiar en que el descrédito sistemático determine una reducción del interés del público en los platillos volantes [...] con el fin de reducir la actual credulidad de la población y en consecuencia su susceptibilidad a ser influenciada por una hábil propaganda hostil [...].»

El comité o jurado Robertson estaba formado por científicos, militares y funcionarios de la CIA, dirigidos por el físico H. P. Robertson, que se reunieron en Washington para examinar documentación proporcionada por el Proyecto Blue Book[1] sobre los ovnis, valorar su importancia y establecer una línea de conducta respecto al público. Quizá este Comité se formó a raíz de una gran oleada ocurrida en Estados Unidos en 1952.

En resumen, el comité llegó a la conclusión de que no habían pruebas de que los ovnis fueran de origen extraterrestre, o de que representaran una amenaza para la seguridad nacional. Como medidas, proponía, como ya se ha dicho, tranquilizar a la población en lo referente al carácter hostil del fenómeno y poner en marcha un proceso de *debunking*, esto es, de descrédito sistemático de los ovnis, con el objeto de mermar el interés público por el tema. La existencia de este grupo se mantuvo en sigilo hasta 1958 y el informe final no fue redactado integralmente hasta 1975.

Para muchos ufólogos, la tendencia en Estados Unidos de minimizar y ridicularizar el problema de los ovnis a través de la política del descrédito tiene un claro matiz anticomunista y maccartiano (la época del senador MacCarthy, en los años cincuenta) típico de los años de la «guerra fría». Posiblemente muchos investigadores hayan sido víctimas de esta política sucia de descrédito: el famoso caso UMMO[2] pudo ser —al menos

---

[1] En 1952 se creó este comité que reunió 1.593 informes de avistamientos, 429 de los cuales sin explicación científica. El capitán Edward Ruppelt era el director del comité.

[2] En los años sesenta surgieron varias cartas y receptores de las mismas cuyos autores eran presuntos «ummitas», seres de otro planeta que enviaban informaciones

en buena parte— un experimento planeado por la Inteligencia estadounidense, transformando a muchas personas en conejillos de Indias de un gran laboratorio global psicosociológico.

* * *

El Gobierno de Estados Unidos busca ocultar informaciones sobre el fenómeno ovni, como queda claro con el documento Janap 146. Son las siglas de Joint Army Navy Air Publication 146, perteneciente a la Marina de Estados Unidos, que establece normas de comunicación por parte de las unidades navales y aéreas, de todo aquello que pueda constituir un peligro para la seguridad nacional. El documento también ha sido adoptado por Canadá y proporciona, a los oficiales responsables de unidades navales y aéreas, una lista de objetos y situaciones a los que referirse en los informes de avistamientos de navíos y submarinos no identificados, de misiles o vehículos voladores sospechosos y de ovnis.

Hasta esta parte todo bien: todos saben que el Gobierno de Estados Unidos recibe e investiga casos de ovnis —aunque no lo reconozca oficialmente—, pero el Janap 146 establece que cualquiera que transmita o dé a conocer sin autorización el contenido de un informe sobre la aparición de los objetos susodichos puede ser perseguido, de conformidad con el título 18 del Código estadounidense, capítulo 37, o del Acta canadiense sobre Secretos Oficiales de 1939, aún en vigor.

En el caso del código estadounidense la pena prevista para los transgresores varía entre una sanción de 10.000 dólares hasta diez años de prisión. Para casos de excepcional gravedad se contemplan ambas penas. De esto se deduce que para el Mi-

---

a los humanos. Cientos de estas cartas circularon por todo el mundo —y aún siguen apareciendo en algún que otro país— con el objeto de informar a la humanidad los cambios del porvenir. Las primeras aparecieron en España. Uno de sus receptores era Fernando Sesma, el primer «contactado» español. Este, con un grupo de amigos y conocidos, se reunía para leer tales cartas en la calle Alcalá, en Madrid, en una conocida cafetería, en la sala «Ballena Alegre».

Edward Ruppelt, director del Proyecto Blue Book.

nisterio de la Marina de los Estados Unidos las comunicaciones sobre ovnis se consideran informaciones que afectan a la defensa nacional, y que su divulgación puede ser perseguida por ley.

Según muchos ufólogos, todo esto respaldaría la tesis de una conjura del silencio sobre los ovnis por parte de altos cargos militares norteamericanos.

Otro aspecto curioso —que también entra en plena contradicción con las posiciones gubernamentales oficiales— es la Guía de Protección Civil de Estados Unidos (bomberos). Sostiene que los avistamientos de ovnis y sus ocupantes podrían generar problemas de seguridad social. La guía, redactada por William M. Kramer y Charles V. Bahme (1992), recueda en su capítulo 13, titulado «Ataque enemigo y potencial OVNI», la «gran incursión aérea del 26 de agosto de 1942 sobre Los Ángeles», en el curso de la cual las Fuerzas Armadas situadas a lo largo de las costas de California dispararon durante dos horas contra 15 a 20 objetos voladores que se movían con desviaciones y movimientos muy rápidos.

La guía expone los principales peligros relacionados con los ovnis. Los más comunes son los campos electromagnéticos generados por los ovnis que provocan interrupciones en el funcionamiento de vehículos aéreos, terrestres o marítimos, bloquean instrumentos de comunicación electrónica y pueden causar cortes de energía eléctrica.

Otro problema es el pánico que los ovnis producen sobre las poblaciones, con posibilidad de huida, histeria colectiva, etcétera. La guía también apunta las consecuencias nefastas para animales (quizá las mutilaciones de ganado, por ejemplo),

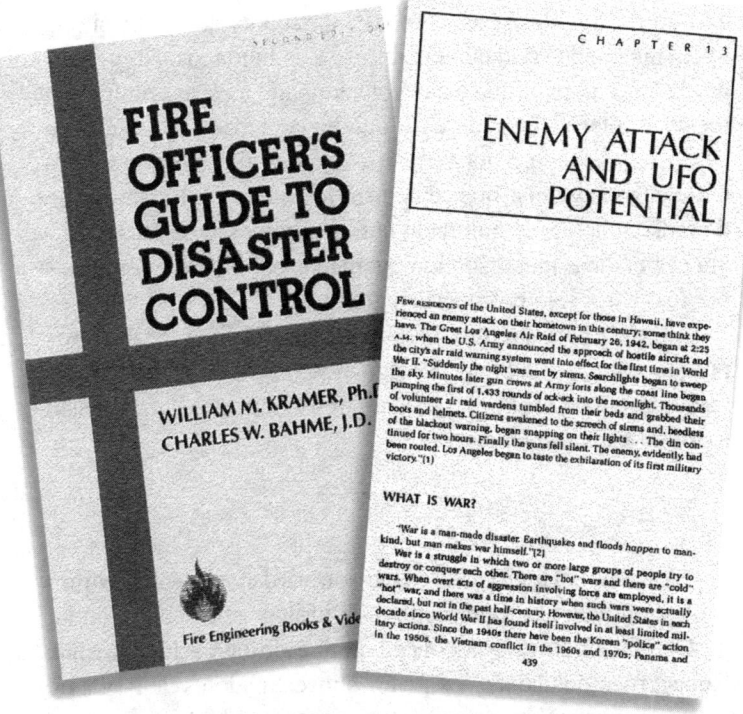

Izquierda: Manual de Control de Desastres de los Bomberos: *Instrucciones para actuar ante los ovnis*.
Derecha: *Capítulo 13 del* Manual de Bomberos *de Estados Unidos:* «Ataque enemigo y potencial de los ovnis».

los efectos psicofisiológicos sobre seres humanos, al igual que quemaduras, radiaciones, parálisis momentaneas, pérdida de memoria, etc. Todo esto lo he podido comprobar, como hemos visto anteriormente.

La curiosa guía señala, además, que para los protagonistas de contactos cercanos, esto es, con los supuestos extraterrestres, se prevé en Estados Unidos una cuarentena de control en la NASA. El libro marca pautas para los bomberos en cuanto a comportamiento frente al aterrizaje de un ovni: no se deben mostrar armas, adoptar actitudes y comportamientos amistosos, y el mismo consejo que ofrece el investigador Frank Edwards en uno de sus libros: «La aproximación a escasa distancia de los ovnis puede ser dañina para los seres humanos. No permanezca bajo un ovni que está evolucionando a escasa altura. No toque ni intente tocar un ovni que haya aterrizado. En ambos casos, lo más seguro que se puede hacer es alejarse rápidamente de la zona y dejar que se ocupen los militares. Existe riesgo de radiaciones, y se han dado casos ya famosos en los que algunas personas han resultado quemadas por los rayos emitidos por los ovnis. ¡No bromeéis con ellos!»

A mí me parecen muy pertinentes los consejos de Edwards porque estamos delante de algo desconocido, cuyas consecuencias pueden ser nefastas para el ser humana. Frente a esto lo mejor es la prudencia.

* * *

¿Ángeles o Demonios? ¿Qué son verdaderamente las presuntas entidades extraterrestres? El ufólogo mexicano Santiago García, en entrevista concedida al escritor Carlos Guzmán Rojas[3], recomendaba a los jóvenes investigadores de hoy a no ver el fenómeno ovni como algo maravilloso: «Un investigador siempre debe ver tanto el lado positivo como el aspecto negativo del fenómeno. Nunca imaginarse que los ovnis son seres de mucha bondad, angelicales, hermosos, llenos de ternura y de comprensión. Hay también lo malo. Puede uno encontrarse a veces ante un fenómeno muy complicado, pero el que busca la verdad la podrá encontrar. Pero no hay que dar nunca un dictamen mientras no se compruebe el hecho».

El célebre investigador estadounidense John Keel cree que los ufonautas o extraterrestres son equivalentes a modernas manifestaciones demoniacas que siempre existieron y que se nos aparecen bajo diferentes formas. Son las personas más sensibles las que buscan los alienígenas para establecer contacto. Como resultado —según se verifica en muchos casos de

---

[3] *Testimonios ovnis*, Ed. Plaza y Valdés, México D.F., 1996.

abducción— estas personas sufren un lavado de cerebro en su experiencia frente a los extraterrestres que solo pueden recordar bajo hipnosis.

Para Keel, «alguien o algo tiene realmente la facultad de poseer la mente humana. Gracias a esta facultad, los seres humanos pueden ser manipulados y utilizados para fines buenos o malos. Cabe suponer que el plan sea someter a este proceso a millones de personas y luego, algún día en el futuro, accionar al mismo tiempo todas estas mentes».

Keel es conocido por escribir un libro basado en una investigación personal, *Mothman*, sobre una criatura alada que entre 1966 y 1967 apareció ante los atónitos vecinos de la localidad de Point Pleasanta (Virginia Occidental, Estados Unidos) aterrorizándolos. John Keel recogió 27 testimonios de personas que vieron al ser alado, al que asoció con el fenómeno ovni. El libro se convirtió hace poco tiempo en una película que —como siempre— en Hollywood acabó distorsionando los hechos a favor de una mayor espectacularidad o emotividad.

Para el célebre ex jesuita y ufólogo gallego Salvador Freixedo, «el fenómeno Ovni es altamente peligroso». Y llega a esa conclusión después de analizar casos de personas que fueron afectadas. «Poco a poco la gente va cayendo en la cuenta de que las cosas no son tan angélicas ni tan ingenuas como antes se creía y van apareciendo libros en los que se trata de una manera específica el tema de la peligrosidad», ya decía en 1985 el investigador en su *Visionarios, místicos y contactos extraterrestres* (Ed. Quintá). Freixedo cree que estamos siendo engañados por los tripulantes de los ovnis, y «que ellos nos están tomando el pelo».

* * *

¿Cómo explicar la actitud agresiva de algunos ovnis? Según mi amigo y ufólogo valenciano Rafael Durá —que reside desde hace muchas décadas en Brasil (ahora en Aguas-de-Lindóia, SP)—, esta actitud es muy antigua. En una entrevista para el grupo Bavic, de Belém (Pará) contestó a esta pregunta: «¿Habría un plan oculto, en la Tierra, fruto de una conspiración milenaria entre facciones de seres poderosos? ¿Existe un conflicto cósmico? ¿Cuál es la participación de los extraterrestres en este drama cósmico?».

Rafael Durá explica:

> Si existe un plano oculto milenario, claro que al saber ELLOS que nosotros lo sabemos, ya no sería tan oculto. No vamos, pues, al quitarles esta alegría divulgándolo. No sea que vayamos a repetir aquí aquel chiste del «espía» de cierto país que ostentaba en la solapa de la chaqueta un broche donde se leía: «Agente Secreto». Pero, diciendo lo que no digo, y no diciendo lo que digo, voy a transcribir un fragmento del libro cuyo título es un tanto largo: *Primera parte de los 21 libros rituales y Monarquía Indiana con origen y guerras de los indios occidentales, de sus poblaciones, descubrimientos, conversión y otras cosas maravillosas de la misma tierra*. Este libro, editado en 1615 por el fraile Juan de Torquemada, no pertenecía a ningún centro de investigaciones de ovnis y sus «malditos» autores que ven platillos voladores hasta en la sopa. Era la Providencial Orden de San Francisco, en la Provincia del Santo Evangelio de México. Estamos, pues, ante un hecho histórico irrefutable. Después de la página 320 leemos cosas impresionantes que los aztecas vieron, según los informes de los indios al fraile Bernardino de Sahagún, y que no vamos aquí a transcribir íntegramente, pero que ocupan desde avistamientos de grandes naves aéreas piramidales (triangulares) en órbita terrestre durante más de un año, hasta escuadrillas de objetos voladores de «tres en tres», que parecían «brasas de fuego», que se movían contrariando la mecánica celeste (de occidente hacia oriente). Y así llegamos a la página 321, que es lo que yo quiero contar, respondiendo a la pregunta: «EL AÑO DE 1511 APARECIERON EN EL AIRE HOMBRES ARMADOS QUE PELEABAN UNOS CONTRA LOS OTROS Y SE MATABAN». ¿Por casualidad asistieron los aztecas a una

batalla aérea librada contra nuestro planeta por facciones extraterrestres? ¿Qué hombres eran estos que volaban en el año 1511? ¿Qué guerra interplanetaria era esta? ¿Si para el cura Juan de Torquemada (no lo confundáis con el de la Inquisición) y Bernardino de Sahagún solamente los «ángeles» volaban por la Gracia de Dios, ¿por qué estos «ángeles» armados se estaban matando?

El mayor de los ufólogos —que no llegó a saber que lo era—, el maestro de los ufólogos, Charles Fort, que nació en Albany (Nueva York) el 9 de agosto de 1874 y falleció en Nueva York el 3 de mayo de 1932, escribió en 1918, en su *Libro de los malditos* (una especie de Biblia para los ufólogos), cosas que aún hoy nos impactan: «Diré que pertenecemos a alguna cosa. Que en alguna época esta Tierra era una tierra de nadie y que otros mundos la exploró y la colonizó y combatieron entre sí para obtener su posesión, pero que hoy en día esta poseída por alguna cosa [...] y que todos los otros recibieron un aviso para mantenerse a distancia. Mas hay noticias de visitas clandestinas a esta Tierra, esclavos y controladores que nos dirigen, según instrucciones recibidas... vaya uno a saber de dónde...»

Volviendo —dice Durá— a mencionar al ufólogo Budd Hoppkins, termino esta «oculta» respuesta con sus palabras: «Ellos no comprendieron ingenuamente casi nada en relación a la psicología humana básica, se quedaron sorprendidos completamente con la furia y el odio que un secuestrado siente contra ellos».

Las enigmáticas menciones y opiniones de Rafael Durá son, en realidad, un punto inicial para nuevas reflexiones sobre este apasionante asunto.

Capítulo 12

Otros casos de incidentes violentos con ovnis

P ROCURÉ REUNIR esta lista de incidentes con ovnis con algún resultado negativo para los testigos humanos. Aquí están reflejados varios casos importantes de este tipo de casuística ufológica y otros menos conocidos. No es una lista exhaustiva, pues deben existir muchos casos dispersos en boletines especializados difíciles de conseguir o que están perdidos en las estanterías de bibliotecas públicas, privadas o incluso secretas de organismos de inteligencia de algunos gobiernos.

1907, febrero: Una niña muere en Las Hurdes (España)

Durante los últimos días de febrero la población de Ladrillar vivió bajo pánico al observar un extraño ser rodeado de «bolas de fuego voladoras». El humanoide —que a veces volaba— se encaró con Isaac Gutiérrez, del concejo de Cabezo. Era semejante a un «pajarraco negro» y grande. Dos días después de producirse el encuentro, la niña María Encarnación Martín fallecía víctima de una enfermedad desconocida que se asoció al extraño ente.

1947: De nuevo en Las Hurdes, muere un campesino atacado por una luz

A finales de aquel lejano año, en la entonces paupérrima región de Las Hurdes, la misteriosa «Luz de Ribera Oveja» mantenía aterrados a los habitantes de la localidad de Cambroncino.

Nicolás Sánchez Martín recorría a lomos de un viejo percherón un camino en Ribera Oveja cuando, inesperadamente, de las aguas de un embalse cercano surgió una pequeña luz. Era semejante a «una escoba de palma», estrecha de arriba y ancha en su parte inferior. La luz vino hacia él y se lanzó a las patas del animal. Este, evidentemente asustado, arrojó a su dueño al suelo. Nicolás volvió al pueblo y cayó enfermo. Según el médico que lo examinó, su sangre parecía coagularse en las venas. Al cabo de tres día Nicolás falleció en su catre.

14 de agosto de 1947: Villa Santina (Udine, Italia)

Johannis era el seudónimo del divulgador científico y escritor de ciencia ficción italiano Luigi Rapuzzi. En 1964 reveló al público que el 14 de agosto de 1947, en la localidad de Villa Santina (Udine), había observado a escasa distancia un ovni posado en tierra y a pequeños humanoides. Estos lo habrían paralizado para luego entrar de nuevo en la nave y despegar. Si es que se trata de un caso verídico, podría ser el primer encuentro cercano con humanoides en Europa de este género.

Iker Jiménez y Pablo Villarrubia, investigadores de casos de ovnis agresivos.

Johannis, un aficionado a la geología, buscaba fósiles en aquella ahora lejana mañana de 1947. Se percató de que había un objeto lenticular, encajado de lado, en posición casi vertical, en la grieta de una roca, a unos seis metros de altura sobre el torrente del río Chiarsò.

El objeto tenía apariencia metálica y un diámetro de unos diez metros. Estaba coronado por una cúpula con antena. A pocos metros se movían dos hombrecitos de piel verdosa de unos 90 centímetros de altura. Estaba vestidos con un mono de color azul oscuro, ceñido al cuerpo y con cascos al estilo motorista. Tenían una cabeza desproporcionada con relación al cuerpo y los ojos muy grandes, redondos.

Joahannis se acercó y se detuvo a unos 20 metros de las criaturas. Alzó la mano que empuñaba un piolet. Les señaló el disco a los humanoides y les preguntó quiénes eran y de dónde venían. Uno de los seres reaccionó llevándose una mano a la altura de su cinturón, del que salió un rayo que derribó al testigo, dejándolo sin fuerzas. Los seres se le acercaron y se detuvieron a unos dos metros del hombre caído. Uno recogió el piolet dejando ver una mano con ocho dedos. Después se

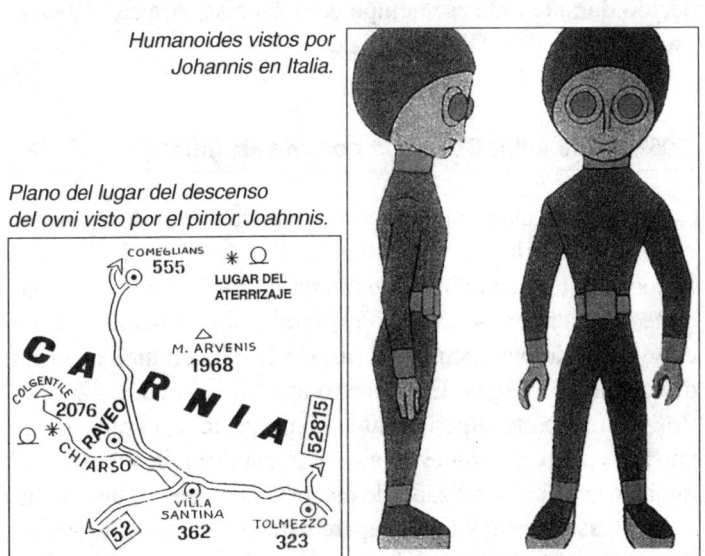

Humanoides vistos por Johannis en Italia.

Plano del lugar del descenso del ovni visto por el pintor Joahnnis.

apartaron, subieron al ovni y se desencajó de la grieta rocosa. Se elevó en el aire, permaneció inmóvil durante alguno segundo y se alejó.
  El hombre recibió el impacto de un vendaval levantado por el ovni. Luego recuperó fuerzas y pudo ponerse en pie.

1947, noviembre: Enfermó después de ver un gigante de negro

En la comarca de La Vera, en Garganta la Olla (Cáceres, España), extrañas luces surcaban el cielo por aquellas fechas. Los campesinos vivían aterrados.
  Uno de ellos, el cabrero José Pancho Campo se topó con un ser gigantesco cubierto por ropas negras y con extremidades parecidas a las «patas de chivo». Estaba en la entrada de un cobertizo existente en los montes que circundan el pueblo.
  El testigo empezó a chillar hasta que la extraña criatura huyó del lugar rápidamente. Pancho enfermó tras el encuentro. Perdió la vitalidad y falleció quince años después de haber padecido durante todo ese tiempo de dolencias crónicas. El caso fue investigado por Iker Jiménez.

1952, 24 de julio: Golpeado por una luz (Italia)

La prensa italiana se hizo eco de la extraña aventura vivida por el pescador Carlo M.: «Mientras pescaba en el río Serchio, en la noche del 24 de julio, pude observar un platillo volador durante unos diez minutos. Se desplazaba sin producir ninguna clase de ruido por encima del río. De él salía un tubo que caía directamente al agua. El diámetro aproximado era de 20 metros y en su parte superior había una especie de cúpula. En el curso de su evolución el aparato parecía difundir una luz naranja. Yo estaba paralizado de estupor. De repente, una de las ventanillas se abrió y un ser, aparentemente humano, apareció.

Llevaba una especie de escafandra. Yo reculé hacia atrás, pero casi inmediatamente, un rayo de color verde me golpeó, dejándome totalmente conmocionado. Fui sacudido de los pies a la cabeza. Cuando pude volver a abrir los ojos, solo pude ver cómo el disco luminoso desaparecía con la velocidad del rayo».

1954, 1 de octubre: Perro y hombre paralizados en Francia

Un hombre y su perro quedaron paralizados cuando un objeto luminoso se lanzó en picado desde el cielo hacia ellos. El objeto despegó acto seguido con igual velocidad. El avistamiento tuvo lugar en Bry, norte de Francia. Produjo un ruido comparable a un suave silbido.

1954, 7 de octubre: Parálisis y «cosquilleo»

Durante la célebre oleada ufológica de Francia de 1954, uno de los encuentros más insólitos lo vivieron varios empleados de la empresa automovilística Renault que se dirigían al trabajo a primeras horas de la mañana. Vieron un objeto luminoso posado en el suelo, cerca de la carretera al este de Le Mans. Experimentaron una sensación de «cosquilleo» y «una especie de parálisis». El objeto emitió un intenso resplandor verde y se alejó, volando a baja altura sobre los campos.

1954, 15 de octubre: Desmayo y ganado quemado en Italia

La oleada ufológica de Francia también llegó a Italia. En la región de Boaria, en la provincia de Rovigo (Italia), un pastor llevaba sus vacas para beber cuando vio un ovni que sobrevolaba su casa. Los animales se asustaron y dispararon en estampida, derribando a la hija del pastor. En ese momento el objeto emitió un chorro de luz hacia el suelo. El campesino se refugió corriendo hacia la casa, donde cayó desmayado al suelo. Otros tres testigos observado el ovni. Era oscuro y estaba rodeado por pequeños focos azules y amarillos. Tenía la forma oval y volaba a unos 15 metros del suelo. Emitía calor intenso que evaporó todo el agua de una pequeña alberca e incendió a los pajares, produciendo extrañas quemaduras al ganado.

1954, 26 de octubre: Empujado por un rayo azul

Aún durante la famosa oleada —casi una invasión—, un agricultor, de 47 años, de La Medière (Francia) se topó con un ser de talla normal que vestía una suerte de escafandra con una luz verde muy fuerte a cada lado del casco. La entidad asestó el rayo de dos luces azules al testigo, que fue empujado hacia atrás por una fuerza misteriosa. No se cita en los informes la existencia de ovnis.

1954, 14 de noviembre: Se le quemaron las ropas a un jardinero

Entre Wasmes y Audemets, en Bélgica, un jardinero vio aterrizar a un aparato muy luminoso junto a la carretera, por la noche. Cuando intentó acercársele, sufrió quemaduras en sus ropas.

1954, 14 de noviembre: Ladrones de conejos en Italia

En la misma fecha del caso anterior, pero en Isola (cerca de Spezia, norte de Italia), un campesino vio aterrizar a un brillante aparato en forma de cigarro. El testigo se escondió. Después vio salir del aparato a tres enanos vestidos con escafandra metálica, que examinaron las jaulas de los conejos mientras hablaban entre ellos en un idioma desconocido.

Creyendo que se proponían robarle los animales, el labriego se fu sigilosamente en busca de su escopeta, volvió con ella y encañonó a los intrusos. El disparo falló y, al mismo tiempo, el arma se hizo tan pesada que al campesino se le cayó de las manos. Comprobó también que no podía moverse ni hablar. Entre tanto, los seres se apoderaron de los conejos y se fueron en el ovni, que dejó una estela brillante en el cielo.

La víctima pudo moverse de nuevo. Recogió la escopeta y disparó, pero ya era demasiado tarde.

1957, 4 de noviembre: Incidente en Itaipú (Brasil)

Busqué infructuosamente en los periódicos antiguos de la ciudad de Santos alguna información de época del misterioso incidente de Fuerte Itaipú, situado en las proximidades de Santos, ciudad portuaria a menos de 80 kilómetros de São Paulo capital. La noticia había sido mantenida en sigilo por los mili-

Informe sobre el caso Itaipú emitido por las autoridades brasileñas a las de Estados Unidos.

Soldado atacado por ovni en el fuerte Itaipú.
(Reconstrucción de Jamil Vilanova.)

tares brasileños, pero el doctor Olavo Fontes, famoso por sus investigaciones ufológicas en los años 1950 y1960, tuvo acceso a la información privilegiada.

Todo ocurrió a partir de las dos de la madrugada del día 4 de noviembre de 1957 cuando dos vigilantes se encontraban en la torre de vigilancia que asoma al oceáno Atlántico. Una luz de color anaranjado se aproximó velozmente y se detuvo bruscamente a unos 50 metros por encima de los soldados que permanecían con sus ametralladoras inactiva, estupefactos ante el objeto discoidal de unos 30 metros de diámetro y rodeado por una luz naranja a la vez emitía un monótono zumbido.

Inesperadamente, un golpe de calor abrasador alcanzó a los vigilante que huyeron despavoridos. Uno cayó sofocado e inconsciente. El otro creyó estar con su uniforme en llamas y gritaba para alertar a los demás.

Los militares se despiertan, pero sin atinar con lo que sucedía: habían sufrido un apagón. Los cañones, los ascensores, los aparatos de radio, todo se quedó sin funcionar. Los oficiales y los soldados se desplazaron, perplejos, por los corredores y escaleras totalmente oscuras. En tres minutos se reanudó el suministro eléctrico y algunos oficiales lograron ver el ovni ascender a los cielos rápidamente.

Los dos vigilantes presentaban quemaduras de primero y segundo grados en más del 10 por 100 del cuerpo, pero solamente en las zonas protegidas o tapadas por los uniformes. Los militares brasileños pidieron ayuda a la Embajada de Estados Unidos en Río de Janeiro. Oficiales del servicio secreto brasileño y más tarde oficiales estadounidenses hicieron su investigación que no fue divulgada. Se supo que, después del incidente, aviones de la Fuerza Aérea brasileña despegaron de una base y sobrevolaron la región, pero no lograron ver el ovni. Recientemente, a raíz de la Ley de Libertad de Información (FOIA, de Estados Unidos) se desclasificó un documento, en inglés, que resumía lo ocurrido.

1963: Resistencia (Chaco, Argentina)

En una fecha indeterminada de ese mismo año, hacia las 6.30 horas de la tarde, tres empleados ferroviarios de un tren de carga que iba de Presidencia La Plaza a Resistencia vieron a un personaje de gran estatura, «que tenía más de dos metros de altura» y vestía un traje rojo de una pieza. Iba caminando por la vía férrea hacia los tres hombres.

La criatura tenía aspecto humano, rostro pálido, cabellos rubios largos y sostenía algo en ambas manos, «como si hiciese un ofrenda». Parecía el cuerpo de un niño de corta edad. De pronto, cuando la locomotora estaba a menos de cinco metros de la entidad, esta «salió disparada hacia arriba como arrebatada por un torbellino» y desapareció.

Mientras tanto, en Resistencia y a la misma hora del día, Justo Masín y su hijo estaban sentados en el jardín de su casa, cenando, cuando «un extraño descendió hacia ellos». Su descripción del incidente, dada por ellos al periódico *La Prensa*, coincidía absolutamente en todo con la descripción facilitada por los ferroviarios. Yo añado a este caso la extraña similitud entre el personaje que llevaba un niño en sus brazos —como si fuera un ofrenda— y los sacerdotes olmecas de piedra que vi en la Venta de Huimanguillo, en el Estado mexicano de Tabasco.

Se trata de seres con un casco estrafalario que emergen de una suerte de cueva portando, entre sus brazos, un niño con rasgos felínicos, de ojos achinados. ¿Un sacrificio a los dioses?

1963, diciembre: Sauce Viejo (Santa Fe, Argentina)

Durante una noche, el obrero ferroviario César Tulio Gallardo se encontraba sentado en un vagón parado en una vía muerta de Sauce Viejo, leyendo un periódico y escuchando la radio. De repente, la radio se paró y su lámpara de carburo se apagó. Salió del vagón a ver qué pasaba, pero, al distinguir unas luces extrañas, volvió a entrar y cerró la puerta del vagón de pasajeros.

En aquel momento, «un ser totalmente rodeado de luces» entró por la puerta del otro extremo del vagón. El brillo que emitía este ser era tan cegador que el ferroviario tuvo que taparse los ojos con el periódico. Entonces el misterioso visitante le arrebató el periódico y lo hizo pedazos.

Gallardo pudo ver que las piernas del visitante se hallaban enfundadas en una tela oscura y brillante. Acto seguido, el personaje se apoderó de una lata de aceite y vació su contenido en una especie de botella que sacó de entre sus ropas. Después desapareció por la misma puerta por donde había entrado.

Poco después de que Gallardo comunicó el suceso a la policía, los pasajeros de un tren que se dirigía a Sauce Viejo afirmaron haber visto a un «hombre luminoso» caminando por la vía férrea.

1965: Torrent, cerca de Santo Tomé (Corrientes, nordeste de Argentina)

A principios de ese año, la prensa porteña publicó varias noticias sobre intentos de rapto efectuados por «marcianos» con habitante de la región nororiental del país. Una noche de la primera semana de febrero, un hombre que vivía en Torrent llamó a sus vecinos diciéndoles que saliesen para ver cinco objetos luminosos que pasaban volando por encima de la casa.

Acto seguido aterrizó un aparato transparente, del que salieron cinco «marcianos», los cuales solo tenían un ojo en el centro de la frente, a modo de cíclopes. Sobre la cabeza llevaban instrumentos que despedían destellos de diferentes colores. Entraron en una casa de labor y trataron de apoderarse de un hombre, pero tuvieron que retirarse ante la enérgica actitud de los aldeanos. Después subieron a su aparato y se fueron.

Sin embargo, el 6 de febrero regresaron y fueron vistos por muchas personas. De nuevo intentaron, en vano, secuestrar a un hombre, el cual consiguió huir para dar la alarma. Los habitantes salieron en tropel y dispararon sus escopetas contra los «marcianos», al parecer sin ningún efecto.

1965, 1 de julio: Campesino paralizado en Valensole (Francia)

Un caso de humanoides avalado por el informe Cometa es el que sucedió en Valensole (Alpes de Haute-Provence) el 1 de julio de 1965. Maurice Mase, que salió de su domicilio a las cinco de la mañana, se dirigió hacia el campo de espliego situado en las cercanías del pueblo. Antes de poner en marcha su tractor sobre las seis, enciende un cigarro y escucha un silbido que le saca de su tranquilidad. Emergiendo por detrás de una pedrera, a unos 90 metros de distancia, Maurice observa un objeto que se posa sobre el campo. Tenía la forma de un automóvil Dauphine (con unos tres metros de anchura por dos y medio de altura) y estaba asentado sobre seis patas con un cilindro central.

El campesino se acerca cautelosamente hasta una decena de metros del objeto pensando en sorprender a los presuntos ladrones de espliego... De repente observa dos pequeños seres de un metro de altura, de piel blanca, la cabeza sin cabello y tres veces más grande que la de un hombre, grandes ojos oblicuos y sin párpados, enormes orejas, pómulos carnosos y boca redonda, y vestían unos monos gris verdoso sin nada que les cubriera la cabeza. Uno le apunta con un tubo sacado de una especie de bolsa atada a su flanco izquierdo. Maurice se queda en ese momento totalmente paralizado, pero consciente de lo que sucedía a su alrededor.

Los humanoides vuelven al interior de la nave y con un ruido sordo se levanta del suelo. El cilindro que estaba clavado o apoyado en el suelo se recoge al interior de la nave antes del despegue al tiempo que las patas se pliegan debajo del aparato. El objeto asciende en vertical antes de inclinarse oblicuamente y disparar hacia el infinito. El campesino aún permanecerá paralizado durante un cuarto de hora para después contar el caso a los gendarmes.

La brigada de gendarmería de Valensole y más tarde la de Digne interrogaron a Maurice y encontraron siete huellas en el suelo que correspondían a las patas y al cilindro del ovni. El objeto dejó, al despegar, un rastro de espliego quemado de una centena de metros.

1965, 15 de agosto: Salto, noroeste de Uruguay

A las once de la noche cinco personas que viajaban en automóvil vieron una luz cegadora, oyeron un espantoso bramido y acto seguido un ovni aterrizó en la carretera, exactamente enfrente de su vehículo, parando el motor del mismo.

La deslumbradora luz blanca del ovni se convirtió en roja, después en verde y luego en amarilla, paulatinamente, tras de los cual se apagó lo bastante para que los testigos viesen que lo que tenían delante era un objeto de color plomizo de unos tres metros de altura y que ocupaba todo lo ancho de la carretera. Estaba únicamente a tres o cuatro metros de su automóvil. Tres de los testigos se desmayaron, mientras los otros dos permanecían petrificados de terror.

En el interior del ovni había una luz verde, que les permitió ver a tres seres de aspecto humano, que se movían de un lado a otro agitando los brazos. Súbitamente, surgieron llamas rojo-amarillentas de los costados de la máquina, esta se alzó un metro sobre la carretera y el terrible bramido recomenzó. Después la máquina salió disparada hacia lo alto, perdiéndose de vista.

1965, 19 de agosto: East Liverpool (Ohio, EE. UU.)

Un rayo de luz procedente de un ovni impactó contra la cabeza de un niño que lo observaba. Sufrió daños en su oído durante algún tiempo.

1967, 29 de abril: Desmayos en Río de Janeiro (Brasil)

El médico carioca Jeronimo Rodrigues Morais contó que el 29 de abril de 1967, alrededor del mediodía, partió en una ambulancia para socorrer a una persona aquejada de un malestar «súbito», en el Largo da Barra, en la ciudad de Río de Janeiro. Se trataba de un hombre de 60 años que había sufrido un malestar sin ninguna clase de gravedad aparente, puesto que volvió a levantarse minutos después de su desvanecimiento. Hasta este punto nada de anormal. Sin embargo, una llamada telefónica del hospital de Barra da Tijuca requería una ambulancia del doctor Morais para socorrer un nuevo caso de repentina pérdida de conocimiento.

Al llegar el doctor al lugar indicado, la víctima se encontraba ya bien y se sostenía por su propio pie. El caso no acaba aquí: otra llamada telefónica le indicaba que se dirigiera al distrito llamado Barra dos Pescadores, en donde una tercera persona se había visto afectada por el mismo tipo de malestar.

La ambulancia recibió otras llamadas: un cuarto y luego un quinto desvanecimientos fueron notificados en otros barrios de la ciudad. El quinto caso era un niño de tres años. Acompañaba a su madre a buscar agua a la fuente cogido por la mano cuando, sin razón explicable, se desmayó. Al llegar el doctor, el chico presentaba los mismos síntomas que las demás personas socorridas: desvanecimiento repentino de corta duración.

Sin embargo, el niño fue conducido esta vez al hospital para someterlo a un examen más minucioso. Para entrar al hospital, la ambulancia efectuó marcha atrás. Fue en este momento cuando el doctor vio, justo enfrente del hospital, a un objeto brillante inmóvil en el cielo. Poco después este objeto se puso en movimiento y desapareció con velocidad del rayo. ¿Estaban asociados aquellos extraños desvanecimientos con aquél objeto no identificado?

1968, junio: Cerca de Oruro (Bolivia)

Un joven de 25 años, Rómulo Velázquez, afirmó haber visto aterrizar en El Chorro, cerca de la ciudad de Oruro —a 300 kilómetros al sur de La Paz (Bolivia)—, un ovni muy luminoso que se posó no lejos de él. Un «ser extraño, alto y delgado» salió de interior del aparato volador. Se acercó a Rómulo con la intención aparente de hablarle.

Pero el campesino, asustado, perdió el conocimiento. Fue hallado horas después por unos vecinos que indicaron que la hierba y algunos arbustos de aquel lugar estaban quemadas. El examen médico del joven dictaminó que sufría hemiplejia provocada por hemorragia cerebral. Las autoridades encargaron una comisión médica para estudiar el caso.

El jefe provincial de la policía, Germán Rocha, presentó ante las autoridades superiores un informe en que afirmaba haber sido testigo de la aparición de ovnis en El Chorro, el día 29 de mayo, y 17 y 18 de junio, según informaron las agencias AFP y EFE.

1969: Chillan (Chile): Dos coches desplazados 50 metros por un ovni

Dos vehículos cuyos dueños los habían dejado estacionados cerca del lugar donde dormían, contiguos a unas termas donde veraneaban, fueron misteriosamente trasladados a cincuenta metros de distancia.

Esta inexplicable experiencia ocurrió a principios de febrero de 1969 y la vivieron el alto jefe de la municipalidad de Chillan y un profesor de liceo. Se trataba de Emiliano Escalona y su amigo Arturo Sepúlveda, quienes acompañados de sus respectivas familias se dirigieron a veranear al sector denominado «Las Trancas», a pocos kilómetros de las termas de Chillán. Viajaron en dos coches, uno antiguo y otro más nuevo.

En las primeras horas de la madrugada, la esposa de Emiliano Escalona, María, sintió funcionar el motor de coche de su marido. Pensó que se trataría de ladrones, pero no logró despertar a su marido. El ruido se hizo más intenso. Eran los motores de los dos vehículos que funcionaban entonces. María logró despertar a Emiliano, quien, pistola en mano, se dirigió al lugar donde había dejado su coche.

Ni el vehículo de él ni el de su amigo estaban en el lugar en que los habían dejado. Habían sido extrañamente trasladados a cincuenta metros de distancia, sin dejar huella de las ruedas en el pasto. Con linterna en mano, tanto Escalona como su amigo Sepúlveda comprobaron que ambos coches ostentaban una extraña pintura en los parachoques. Mientras la examinaban fueron sorprendidos por un estruendo y un gran resplandor. Una inmensa bola plateada ascendía por la montaña próxima.

Lo curioso es que los vehículos fueron encontrados funcionando mientras sus baterías continuaban desconectadas.

1969, 6 de junio: Cicatriz en la frente dejada por un ovni en Manaos

Otro de los casos desconocidos u olvidados de la historia de las agresiones ufológicas ocurrió casi un mes antes que el caso de Arcesio Bermúdez (en Colombia), el 6 de junio de 1969, en una barriada de Manaus, en la Amazonia brasileña. Lo investigó el entonces corresponsal de la Sociedade Brasileira de Estudos de Discos Voadores en Manaus, Danilo du Silvan. Allí, en una calle sin luz eléctrica y sin aslfato, vivían el electricista Nicodemos Nascimento y su esposa, la profesora de primaria Ermelinda.

Hacia las 20.00 horas la mujer percibió desde su choza un objeto luminoso sobre el fondo celeste estrellado y sin nubes. Se movió a gran velocidad acercándose hacia su rostro. «Se movió hacia mí como si le hubieran tirado de una hilo», le dijo a Du Silvan.

Ermelina, incrédula, se restregó los ojos dos veces seguidas y se apartó de la ventana donde estaba apoyada. Pero volvió a asomarse y se topó con el objeto luminoso más pequeño que un balón de fútbol. Intentó, infructuosamente, capturarlo con

Calle donde vivían Nicodemos y Ermelinda, en Manaos: ataque de esfera voladora.

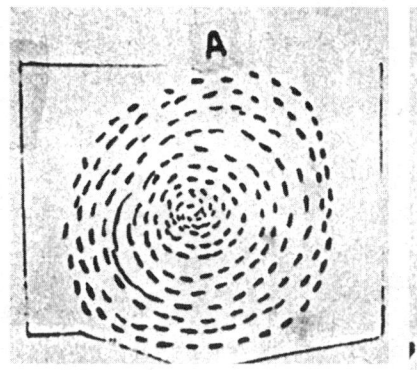

Arriba: *Dibujo hecho por Nicodemos de las esferas voladoras de Manaos.*

Derecha: *Cicatriz dejada por el ovni en la frente de Nicodemos.*

las manos, pero se escabullía girando sobre sus manos. La mujer llamó a su marido, Nicodemos, entonces con treinta años de edad, y, al acercarse a la ventana, eran dos los objetos allí ubicados.

Al contrario de lo que se podría imaginar, el matrimonio no estaba asustado. El hombre, con una toalla, intentó capturar una de las luces. Pero algo inesperado ocurrió: vino disparado hacia su rostro y le golpeó la frente. El otro objeto, que era un poco más grande, salió disparado hacia el sur, en vuelo ascendente, pasando antes sobre un castaño cerca de la ventana de la casa. El objeto más pequeño se esfumó en el aire después de atacar al electricista.

Danilo du Silvan, investigador del caso Nicodemos y Ermelinda.

Danilo du Silvan entrevistó a la pareja el 12 y 13 de julio de 1969, es decir, poco más de un mes después de lo sucedido. El esposo le describió los objetos con forma de anillo que emitían luminosidad plateada-azulada, que parecían girar internamente en círculos concéntricos. El objeto más grande debía tener unos 40 centímetros de diámetro y el más pequeño unos 30.

Lo más sorprende es que el menor de ellos dejó una marca indeleble en la frente de Nicodemos, una señal en forma de «M» mayúscula invertida que desapareció tres semanas después. La impresión que tuvo la víctima era de que poseía muchas «telas de araña» cubriéndole el rostro.

Después del incidente, Nicodemos empezó a vigilar la noche, las estrellas, e incluso «hablaba» con ellas. Tuvo sueños agitados y pesadillas.

1970, 7 de enero: El peligro de esquiar (Finlandia)

En esa fecha dos filandeses estaban descansando durante una carrera de esquí en una zona de un bosque cuando observaron un objeto volador en forma de disco con una cúpula superior. Estaba rodeado de una niebla con un haz de luz que se movió hacia el lugar donde estaban los dos testigos.

Cuando la luz tocó la nieve, saltaron chispas y, repentinamente, apareció un pequeño humanoide con brazos y piernas delgados, nariz ganchuda, mono verde y botas, con un casco cónico y brillante, con menos de un metro de altura. Apuntó una suerte de caja haca uno de los esquiadores, Aarne Heinonen. Luego, tanto el ser como el haz de luz que lo cubría desaparecieron en dirección al platillo que se esfumó en pleno aire. Heinonen estuvo varios meses enfermo.

1970. 11.30 horas de la mañana: Saladare (Etiopía)

Los habitantes de un pequeño pueblo etíope oyeron un extraño ruido que venía de un bosque cercano. El ruido aumentó hasta hacerse ensordecedor. Lo compararon a un gran avión que volara bajo. Enseguida vieron aparecer por encima de los árboles algo que era como una gran bola roja de fuego que avanzaba lentamente a muy baja altura. Venía arrancando los árboles y quemando la hierba, pero sin provocar fuego o combustión. Al venir muy bajo, chocó contra varias casas y las destruyó, dejando una estela de escombros. A la salida del pueblo derritió el asfalto de la carretera en un área aproximada de dos por siete metros y derrumbó la pared de piedra de un puente.

Aún siguió avanzando unos 150 metros fuera del pueblo hasta una colina, en donde se detuvo y se balanceó durante poco tiempo. Enseguida volvió hacia el pueblo y, lentamente, por un camino paralelo muy cercano al primero, iba destruyendo otra vez todas las residencias con las que se topaba, a pesar de que estuvieran construidas con sólidas paredes de piedra. Al final, se fue por el mismo sitio por donde había surgido.

El objeto recorrió, en total, unos seis kilómetros en vuelo rasante sobre la desafortunada aldea, y todo duró unos diez minutos. Los habitantes del pueblo vecino también lo vieron, pero pasó más alto emitiendo un ruido infernal.

Casi 50 construcciones quedaron dañadas y muchas totalmente destruidas. Ocho personas resultaron heridas y un niño murió.

1970, 30 de agosto: Cegados y paralizados por ovnis en Brasil

Un guarda del complejo hidroeléctrico de Itatiaia, entre los Estados de São Paulo y Río de Janeiro, en Brasil, Altamirano Martins de Freitas, quedó paralizado y cegado por los rayos lanzados por un ovni el 30 de agosto de 1970.

Las autoridades militares de la Aeronáutica brasileña lo mantuvieron aislado, internado en el hospital de la Cruz Roja de Guanabara. Un reconocimiento psiquiátrico diagnosticó que Altamirano no sufría ninguna anormalidad psíquica. El oculista diagnosticó que el guarda sufría lesiones graves en la vista al cabo de cinco días de internamiento: se quedó totalmente ciego.

En el lugar donde fue atacado el guarda había un espacio seco en medio de la tierra encharcada que estuvo cercada por los militares, que no permitieron el acercamiento de los civiles. Allí estuvo un general-aviador, del comando del Segundo Ejército del Aire, con sede en la ciudad de São Paulo.

El alcalde de Resende —municipio al que pertenece Itatiaia— también llevó a los militares un memorial sobre «extraños fenómenos detectados en las inmediaciones de la presa», cuyo contenido no se especificó. El jefe de vigilancia del complejo de Itatiaia, Odair da Silveira, también presentó un memorial a la aeronáutica. Rezaba los siguiente:

> «Los policías Luis Fernando Angelo, Mauro de Sousa Alves, João Batista Pereira, José Carlos Pinto y José Antonio Silva afirman haber visto, en la madrugada del domingo día 6 y desde diferentes puestos de vigilancia, lo que sigue: durante 20 minutos, un objeto silencioso, pero enmarcado en luces multicolores y cambiantes, se desplazó entre cumbres montañosas, a unos 700 metros de los observadores. Los vigilantes, cumpliendo órdenes por si se repetía el fenómeno que afectó a Altamiro Martins, permanecieron en observación, sin hacer uso de sus armas; incluso uno, José Antonio Silva, provisto de poderosos prismáticos, afirma haber comprobado que la forma del misterioso objeto era como la de un avión sin alas y apariencia cuadrada, en el que detectaban como ventanillas simétricas encima de las luces, rojas, verdes y amarillas. El objeto se acercó, oscilando en altura, a la represa, para alejarse y posarse en tierra a gran distancia. Luego desapareció».

Quizá no haya sido casualidad que, en la misma noche, pero en el Estado vecino de Minas Gerais, una mujer de la zona rural también fue atacada por un ovni que le disparó un rayo de luz blanquiazulada que le produjo varias quemaduras en el cuerpo, parálisis momentánea y parcial y perturbaciones en la vista.

La mujer caminaba sola, bajo la lluvia por una carretera, cuando sintió un fuerte calor en la espalda. Se volvió y vio cómo un foco de intensa luz dirigido hacia ella, desde unos 50 metros de distancia. Además, percibió que por detrás del foco había «algo» que no supo precisar pero que estaba en el aire y se movía. Cuando la mujer huyó despavorida, la «cosa» cambió la luz blanquiazulada, volviéndose anaranjada, y se remontó en el espacio.

1971, junio: ¿Asesinado por un ovni en Aube? (Francia)

León Eveillé, de 40 años, apareció carbonizado en el interior de su vehículo. También su coche y todo que se encontraba en un radio de 15 metros estaba calcinado. La policía recogió el testimonio de varias personas que aseguraron haber visto un ovni sobrevolar la zona momentos antes del siniestro. Tanto el coche como el conductor fueron sometidos a temperaturas cercanas a los 4.000 °C.

1973, diciembre: Ovni destruye vivienda en Colombia

A mediados de diciembre de 1973 una «bola de fuego» no se conformó con atemorizar a los pescadores de las islas Andrés, de Colombia, sino que también destrozó la vivienda de dos de los nativos.

Los informes oficiales señalaron que los pescadores vivieron momentos dramáticos, cuando la bola de fuego —como fue descrita— se desplazó a gran velocidad hacia el aeropuerto local, y a su paso destruyó dos humildes residencias poniendo en peligro a varios de sus moradores.

Las ruinas de las casas destruidas quedaron manchadas de una coloración azul, que fue desapareciendo lentamente, según informo la agencia EFE.

1975, 21 de julio: Un ovni dispara contra un tractor en Valladolid (España)

Emiliano Velasco Baéz, un campesino de Pedrosa del Rey (Valladolid) se encontraba arando el campo con su tractor al atardecer. De pronto, un sonido extraño le llamó la atención. Miró hacia delante y, a unos 20 metros de distancia se topó con un ovni que flotaba a escasos centímetros del suelo. El objeto empezó a girar alrededor del enmudecido testigo. Tenía la forma de un sombrero boca abajo con algunas ventanillas.

Durante uno de los giros del objeto, Emiliano percibió «una luz o fogonazo muy claro» despedido por el ovni que prácticamente lo cegó. Acto seguido se escuchó un impacto de algo que chocaba contra un cristal del tractor. El espejo retrovisor izquierdo había sido perforado por algo parecido a un proyectil.

Ante aquella situación, Emiliano puso en marcha el tractor y no miró hacia atrás hasta llegar a la sede de la finca. Tembloroso, denunció los hechos ante la Guardia Civil. Al día siguiente los agentes encontraron un círculo perfecto en el retrovisor en torno al cual no se podía observar ningún tipo de grieta o fisura radial. El padre Antonio Felices hizo un estudio del orificio y se sorprendió por la perfección con que había sido hecho. J. J. Benítez fue el primer reportero a divulgar el caso.

Velasco no quiso volver al lugar del encuentro y comenzó a perder visión y oído. Con el tiempo tuvo que dejar de trabajar a causa del deterioro físico acompañado de una progresiva hemiplejia izquierda. Falleció el 8 de junio de 1978 como consecuencia de una «artrosis cervical complicada por un tumor cerebral progresivo». ¿Tuvo algo que ver su repentino declinio físico con el encuentro con el ovni?

1975, 20 de septiembre: Barra do Piraí (Río de Janeiro, Brasil)

Dos operarias, casadas y con hijos, Geralda y Noemia, trabajaban en una fábrica de alimentos en aquella localidad carioca. Cuando volvían juntas para casa, hacia la una de la madrugada, se apagaron las luces de la calle. De pronto apareció hacia la represa de la Light un enorme «aparato». Tenía dos grandes focos, tres veces más grandes que las de un automóvil, de color verde, que iluminaron toda la calle, abarcando más de 12 metros de ancho.

Detrás de los focos había una gran «palangana» metálica y, por detrás de esta, una larga cola verdosa, quizá de unos 15 metros de longitud. Chisporroteaba, despidiendo chispas verdes, y dejaba caer al suelo una suerte de aceite negro. El objeto subía y bajaba suavemente, en vertical. Cada vez que el ovni ascendía, el cuerpo de Geralda se despegaba del suelo, unos pocos centímetros.

Las testigos no soportaban el fétido olor de aquel «aceite negro». Siete meses después del incidente, Geralda aún sufría dolores de cabeza y no se le quitaba aquel olor de su nariz o de su mente. Ambas amigas quedaron paralizadas, a excepción la extraña levitación. Al final el objeto se alejó hacia el río Paraíba. Llegaron a sus casas caminando con dificultad. Noemia tuvo mucha sed tras el suceso. Algunos días después sufrió una caída y se rompió la rodilla. La operaron y, al quitarle la escayola, exactamente siete meses después de la aparición, murió. Causa de la muerte: un paro cardiaco.

1976, 28 de enero: Abrasado por un ovni en Benacazón (España)

Aquella noche el albañil Miguel Fernández Carrasco regresaba a su hogar en la región de Benacazón (Sevilla), y a la entrada del pueblo notó un foco de luz a su espalda que, luego, se puso delante de él. Escuchó un tremendo estruendo a la vez que se iba apagando. Surgió en su lugar una forma rectangular, oscura, de donde se abrió una puerta que dio paso a dos seres altos, de cabello lacio y blanquecino hasta los hombros y traje ceñido de color aluminio. Sus cinturones tenían una ancha hebilla que despedía pulsantes haces luminosos rojizos.

Los seres señalaron al joven que, asustado, echó a correr hacia el pueblo. Los humanoides volvieron a entrar en el ovni y fueron en su persecución. A pocos metros de Benacazón, Miguel percibió que un fuertísimo haz de luz lo alcanzaba, sintiendo como si su cuerpo entero se abrasara. Al llegar a su casa notó que su cuerpo estaba manchado por una grasa negruzca, y el bigote y la barba chamuscados. En un hospital de Sevilla se le atendió de las diversas heridas producidas por el ovni.

1976: El ovni que tumbó a dos hombres (Guatemala)

Dos hombres, Roberto Barreda Valenzuela (notario y abogado) y su amigo, el político Reinaldo Bianchi, estaban en la aldea El Rincón (municipio de Sumpango, Guatemala) cuando, hacia las 17 horas, apareció una esfera voladora que pasó a 100 metros de ellos. El objeto tenía la parte inferior totalmente plana y algunas zonas con «remaches»; tenía un color gris sin brillo.

Una extraña fuerza los arrojó al suelo, pero agregaron que no era viento. No se lastimaron ni sufrieron ningún tipo de secuelas posteriors, según informó el investigador Óscar Rafael Padilla Lara.

1976: Un ovni provoca un incendio en Sidney (Australia)

Algunos testigos aseguraron haber visto un ovni caer en un bosque a 96 kms al sur de Sidney y provocar un importante incendio a finales de mayo de 1976. Dos helicópteros de la Marina sobrevolaron la zona incendiada, cerca de la localidad de Robertson, pero los observadores no advirtieron nada anormal.

Un habitante de Robertson, Cliff Brien, dijo a los periodistas que el objeto observado volaba a muy poca velocidad, mucho más lento que un meteorito o una estrella fugaz. «Tenía una larga cola como la de un meteoro, pero cuando se estrelló, a unas millas de distancia, el sonido que se oyó era como metálico», dijo Brien.

1977, 22 de enero: En las cercanías de Mapimí (Durango, México)

Dos personas, un hombre de 50 años y una muchacha de 16, fueron gravemente quemadas por un ovni mientras atravesaban un camino desierto por la noche. El ovni deliberadamente se dirigió hacia ellos con la intención de quemarlos.

1977, Uruguay: Cabellos y ropas quemadas por un ovni

Un campesino, Santiago Laco Ozano, fue atacado por un ovni cuando se dirigía a su rancho. El objeto le disparó un rayo dirigido a la parte alta de su cuerpo, que de inmediato hizo arder sus cabellos y parte de su ropa. Como en los otros casos, la víctima sufrió diversas

Santiago Laco Ozano: ropas y cabellos quemados por un ovni en Uruguay, en 1977.

alteraciones nerviosas y tuvo que guardar cama por un tiempo considerable.

1977, octubre: La casi muerte del «niño de Tordesillas»

Un niño de siete años fue intervenido quirugicamente 14 veces después de toparse con un ovni de apariencia metálica y forma cónica que le lanzó algún tipo de radiación desconocida. Eso ocurrió en las proximidades de Tordesillas (España). El caso fue intensivamente investigado por Iker Jiménez, como se puede leer en su primer libro, *Enigmas sin resolver*.

1978, 17 de marzo: Nueva Delhi (India)

Un ovni esférico de aspecto metálico que emitía una luz intensa roja sobrevoló, a tan solo tres metros del suelo, un barrio periférico de la ciudad. Arrasó todo lo que encontró a su paso. Mató a 28 personas y dejó malheridas a otras cien. Durante los días siguientes se detectó en la zona el doble de radiactividad de lo que debería ser normal. Intenté verificar esta información junto al profesor Peregrino da Costa, de Goa (India), pero la respuesta fue negativa: «En India no se suele hablar sobre ufología o se ridicularizan tales informaciones en la prensa», me contestó.

1978: Ovni hunde barco en el Adriático (Italia)

En la noche del 13 al 14 de octubre de 1978 los hermanos De Fulgentis, pescadores aficionados, pero navegantes de profesión en unidades de la Marina Mercante italiana, se lanzaron al mar. Las condiciones eran de calma, cielo despejado y ausencia de viento. Partieron de la playa de Martinsicuro (Teramo) hacia mar abierto.

Barco de los hermanos De Fulgentis: hundido por un ovni.

Luego soltaron la red de arrastre, manteniendo las luces de la barca apagadas, ya estaban pescando en una franja de mar controlada por la policía costera y por la Capitanía del Puerto y donde la pesca de arrastre estaba prohibida. Los dos hermanos siguieron pescando en la oscuridad hasta que, hacia las 4.20 horas de la madrugada, percibieron —en dirección a la popa— una gran sombra que se acercaba, haciéndoles temer una colisión.

Desgraciadamente, de nada sirvieron las maniobras de los De Fulgentis para apartarse, y el barco Francesco Padre, retenido por la pesada red, no pudo evitar que uno de los dos cabos se quedara enganchado por el objeto que avanzaba a una velocidad de unos 15 nudos, arrastrando el barco y a los dos hermanos bajo el agua.

Una investigación mostró que el cable del barco debió engancharse al timón o a la hélice y arrastró consigo la embarcación que se inclinó provocando la caída de los dos hermanos al mar. El cable de acero se rompió, ocasionando el hundimiento. En aquella madrugada no había ningún gran pesquero en la región. La barca, examinada por expertos, no mostraba ninguna señal de colisión, tan solo la rotura del guardín del timón y algunas abolladuras debidos a los cabos de recuperación. Toda aquella región del Adriático ya era famosa por los frecuentes avistamientos de ovnis.

1979: Ataques en Río Grande do Norte (Brasil)

Este pequeño Estado brasileño vivió una verdadera oleada ufológica durante ese año. Situado en la «punta» nordeste de Brasil, este territorio semiárido recibió la visita de numerosos objetos luminosos —raramente con forma definida— que solían iluminar la víctima humana.

El periodista y ufólogo estadounidense Bob Pratt entre testigos ovnis de Brasil: ataques a seres humanos en Río Grande do Norte.

Algunas personas perdieron el conocimiento, otras padecieron dolores de cabeza, jaquecas, náuseas, pérdida de memoria. Otras quedaron incapacitadas para el trabajo en función de una pérdida paulatina de ánimo y energía física. Docenas de casos fueron investigados *in situ* por el periodista y escritor estadounidense Bob Pratt (autor de *Ufo danger Zone*) y su compatriota, la arqueólogo Cynthia Newby Lucy.

1980, septiembre: Norte de Senegal

La prestigiosa agencia EFE divulgó la noticia de un ovni que había destruido un poblado de cincuenta chozas, al norte de

Senegal, y herido a cinco personas. Es lo que se presentó en un informe realizado por autoridades de ese país. Las fuerzas de gendarmería y el Ejército realizaron minuciosas investigaciones sobre el fenómeno.

Al lugar del siniestro acudió un equipo científico dirigido por el jefe de la Escuela Politécnica de Thies. El ovni tenía forma alargada —que lanzaba una señal roja intermitente— y aparecía rodeado de una aureola blanca, según el testimonio de los nativos de la aldea de Baridiame. Esta aparición sembró el pánico entre la población.

El calor fue espantoso durante unos segundo y los habitantes «escucharon un ruido atroz». El ovni parecía estrellarse contra el poblado pero, de pronto, se proyectó hacia arriba en espiral. Fue entonces cuando se produjo el vendaval que destruyó las viviendas e hirió levemente a tres mujeres y dos hombres que trataron de cobijarse en las chozas.

Todas las personas interrogadas, más de trescientas, aseguraron haber contemplado «una especie de aparato esférico de color azulado» que desapareció rápidamente. Algunos añadieron que sus movimientos en el cielo se asemejaban «a los de una serpiente» y el ruido «al rugir de un leopardo».

1980, 6 de septiembre: Torbellino de fuego en Torrejoncillo (Cáceres, España)

Casi por las mismas fechas que en Senegal, a miles de kilómetros de distancia, en Torrejoncillo (Cáceres, España), sucedía otro suceso ufológico. Primero se oyó un estruendo en el apacible pueblo y a los pocos segundos un fenómeno devastador e inexplicable ocurrió en el entorno.

El campesino Benito Salgado, desde su choza, observó cómo un cono de fuego volador iba abrasando a las encinas a medida que pasaba junto a ellas. Conejos y otros animalitos eran atrapados por la ola de calor emitida por el objeto que volaba casi a ras del suelo.

Benito tuvo que sacar casi a la fuerza a su madre del interior de la choza. Temía que terminaran carbonizados como los árboles y animales. Mientras tanto, el torbellino de fuego se dividió en dos y flanqueó la casa de los campesinos, evitando que fuera consumida por el calor. Algunos envases de cristal se fundieron completamente. El caso fue investigado por Iker Jiménez.

1980, 29 de diciembre: Casi abrasados por un ovni en Texas (Estados Unidos)

Betty e Vichkie Landrum, junto con su hijo Colby, afirmaron que estuvieron expuestos al calor, llamas y humo de un ovni. El objeto —según los testigos— era más grande que el vehículo donde viajaban y tenía forma de «diamante». Apareció sobre una carretera desierta cerca de Huffman, al nordeste de Houston, en Texas (Estados Unidos).

Después del avistamiento, dijeron haber sufrido problemas de salud, según publicó el *Miami Herald* de 4 de septiembre de 1985.

1982, 14 de agosto: Incendio gigantesco en el campo de Catamarca (Argentina)

En esta norteña provincia un ovni de más de 50 metros de diámetro hizo cundir el pánico entre la población. El objeto realizó un brusco acercamiento en la zona rural, quemando once residencias, que fueron totalmente consumidas por el fuego. Algunas personas sufrieron quemaduras.

El informe de la policía recogía observaciones sobre el objeto, tales como que «no parecía de este mundo, por los colores, velocidad y forma de volar; aterrizó sobre el tejado de una casa y, tras levantar vuelo, volvió a posarse a cincuenta metros de allí».

1986, 28 de enero: Un ovni le quemó los ojos (Guatemala)

A las cuatro de la madrugada de ese día, Agapito Pineda Gómez, se dispuso a viajar hacia el pueblo de Barberena para hacer la compra de alimentos. Estaba en el municipio de Casillas (departamento de Santa Rosa, a unos 140 kilómetros de la capital guatemalteca). Mientras esperaba el autobús —no muy lejos de la laguna de Ayarza— vio brillar un resplandor «sumamente majestuoso», como nunca había observado nada igual en su vida.

Al principio imaginó que podría ser un camión con luces de neblina. Luego salió entre los árboles una luz brillante como «la brasa de un carbón encendido», según declaró al investigador guatemalteco Oscar Rafael Padilla Lara.

Detrás de la luz venía un cilindro gigantesco que parecía algo achatado en la parte trasera, además de tener «una aleta de pescado». Era tan grande «como un ciprés grande», de más de treinta metros, cuyo diámetro era mayor que el de «una ceiba», es decir, unos dos metros. En la punta de la nave había una especie de foco rojizo muy intenso (esta observación recuerda algunos avistamientos de ovnis en el Estado amazónico brasileño de Pará durante la oleada de los chupa-chupa entre 1977 y 1978).

El objeto se iluminó y también todo a su alrededor: era una «luz diáfana, transparente» y Agapito cerró los ojos por el dolor causado, y vio «todo morado». Al abrir los ojos percibió que no podía ver nada. El autobús lo recogió en la carretera y luego se lo llevaron al hospital de Cuilapa, donde le comunicaron al campesino que tenía quemaduras de segundo grado en las córneas. Pero lo que más impresionó al galeno fue observar que la víctima no tenía ninguna irritación en la piel ni en los párpados.

Posteriormente los ojos se fueron curando, pero, desde aquella fatídica madrugada, Agapito siempre siente molestias en sus ojos.

1986: Un ovni explota los acumuladores de un camión en Guatemala

El camionero guatemalteco Andelino Hernández Paredes, de 49 años, viajaba de madrugada —a la altura de Puerto Barrios— cuando, de las nubes, salió una luz que pasó muy bajo. En seguida estallaron las cuatro baterías del camión, se le quemó el radio receptor y el transmisor. Andelino se quedó atontado y oía un zumbido. Todo el sistema eléctrico del vehículo se quemó.

Un salvadoreño —según los vecinos— había visto 20 días antes otro objeto luminoso. En el caso de Andelino —investigado por Óscar Rafael Padilla Lara—, este padeció de problemas visuales y debió usar gafas después del incidente. A partir de entonces su vista es más sensible y pasó a ver mejor en la oscuridad. Tuvo dolor en la nuca durante varios meses le costó reconciliar el sueño. Según informó, soñaba que volaba, que estaba en otro lugar «fuera de la Tierra»: lograba ver fuera de la casa —aunque estuviera dentro durmiendo— como si fuera un viaje astral o desdoblamiento.

1995, 1 de octubre: Barco con piezas quemadas en la costa de São Paulo (Brasil)

Los miembros del Grupo Ufológico del Guarujá (GUG) Edson Boaventura y Jamil Vilanova investigaron un caso espectacular de descenso de un objeto no identificado. Los pescadores Fernando Bezerra y Wilson da Silva Oliveira vieron, asustados, cómo descendía una luz amarilla muy intensa en la isla Do Major, situada en el río Piaçabuçu, entre los municipios de Praia Grande y São Vicente.

«Cuando la luz estaba sobre nuestras cabezas, cambió de dirección y se fue a la isla, donde bajó. Casi morimos de miedo. Intentamos huir, pero el motor del barco no arrancaba. Nos escondimos en el sótano del barco», contaba Wilson, el pescador.

Dibujo realizado por un testigo del ovni visto a orillas del río Piaçabuçu, en Brasil.

Fernando Becerra sobre la huella dejada por un ovni cerca del río Piaçabuçu, en Brasil.

En el centro, Claudeir Covo sujeta un molde de la huella del ovni de Piaçabuçu, rodeado por Jamil Vilanova (izquierda) y Edson Boaventura (derecha), principales investigadores del caso.

Al día siguiente los dos hombres fueron a la isla, armados, y se toparon con un círculo de 5,5 metros de diámetro de matorral seco, aplastado y nivelado, con los vegetales retorcidos como en torbellino, en sentido horario. También encontraron, en el centro de la huella, cuatro marcas rectangulares de diez por quince centímetros y con 1,5 centímetros de profundidad.

Los investigadores reconstituyeron el caso *in situ* e hicieron moldes en escayola de las huellas. Entrevistaron a los pescadores que dieron fe de un efecto eletromagnético que paralizó el motor del barco: varias piezas eléctricas del motor estaban quemadas, a ejemplo del alternador. Misteriosamente, las herramientas y las partes metálicas del barco estaban oxidadas. Antes del suceso estaban en perfectas condiciones.

Los mismo pescadores no escaparon a los efectos físicos producidos por el ovni. Los testigos se quejaron de irritación en los ojos, jaquecas y de diarreas. Una experiencia que llevó a cabo demostró que plantando algunas semillas en la tierra recogida dentro de la huella del ovni, estas crecían mucho más rápidamente que las que se plantaron en la tierra recogida fuera del círculo. Además, estas últimas no llegaron a crecer, pues se murieron atacadas por hongos.

Una tapa metálica de una botella que estaba dentro de la huella presentaba un campo eletromagnético dos veces más intenso que lo normal. Según Vilanova, desde hacía varios meses se observaron luces de origen desconocida en la población de la costa del estado de Sao Paulo.

1995: Bola ígnea le causó erupción cutánea (Guatemala)

Este caso ocurrió en el barrio 10 de Octubre de la capital guatemalteca. La protagonista era Mara Paredes de Rodríguez que se dirigía en unión de su marido a su casa. De pronto vieron en el cielo una extraña bola que pasó rozando las montañas.

Curiosamente, al día siguiente, cuando se dirigía al trabajo, la mujer fue víctima de una extraña erupción cutánea, la cual la causó prurito en el entorno epidérmico. El caso fue investigado por el ufólogo guatemalteco Óscar Rafael Padilla Lara y está registrado en su reciente *Enciclopedia Ufológica de Guatemala, C.A.*, tomo IV (2002).

2002, 10 de agosto: Esfera voladora ataca en India

Según nota divulgada por la Associated Press (AP) y por la Press Trust of India, en la noche del 10 de agosto varias personas que dormían al aire libre en Allahabad, India, afirmaron haber sido quemdas por una misteriosa esfera voladora. El mismo ovni, que emitía luces rojas y azules, habría causado la muerte de por lo menos siete personas en el Estado de Uttar Pradesh. En Shawna, el joven Ramji Pal murió dos días después de haber sido atacado por el objeto que parecía un «balón grande de fútbol», y muchos sufrieron quemaduras.

El doctor Narrotam Lal, de la Escuela de Medicina Rey George, en Lucknow, dijo que todo era resultado de la histeria en masa. Cree que «muchas personas crean los síntomas de forma inconsciente». La policía buscó otras explicación: todo era a causa de unos extraños insectos alados, con casi 10 centímetros de largo, que producía heridas superficiales. Pero no supieron explicar la causa de las muertes. Amrit Abhijat, magistrado del distrito de Mirzapur, dijo que logró filmar el paso de un ovni en el cielo.

2002, 2 de agosto: Abducción y muerte en Estados Unidos

Peter Davenport, director del National UFO Reporting Center (NUFORC) informó sobre la presunta abducción de un hombre y de su posterior muerte, hacia las 17.30 horas del 2 de agosto de 2002, en el Condado de Northumberland, próximo a Northumberland, Pennsylvania (Estados Unidos).

La víctima, Todd Sees, de 39 años, sufrió la abducción seguida de muerte en Montour Ridge. Durante dos días los policías, médicos, buceadores y 200 voluntarios ayudaron a buscar el hombre que había desaparecido en la montaña. Su coche estaba en la cima, cerca del tendido eléctrico. Se emplearon perros adiestrados, pero sin resultados.

Al segundo día de búsquedas, el cuerpo fue encontrado entre arbustos en las inmediaciones de un lago que había sido explorado por el equipo de rescate. Todo estaba semidesnudo y presentaba un rictus de miedo. Treinta minutos después del hallazgo, el FBI asumió las investigaciones y no permitió que la esposa del fallecido viera el cadáver. Tres hacendados afirmaron que vieron un objeto silencioso volador, grande y luminoso, parado sobre los cables eléctricos en el día de la desaparición de Todd. Dijeron que algo había sido absorbido por el objeto por medio de un rayo de luz vertical.

Dos autopsias y exámenes toxicológicos se realizaron, pero no se encontró nada de anormal. Aun así, la viuda fue avisada que solo dispondría del cuerpo para proceder a su entierro al cabo de ocho semanas.

Contactos

Todos aquellos que quieran mantener contacto con el autor, intercambiar ideas, datos, experiencias y casos, pueden hacerlo a través del apartado de correos o e-mail:

Pablo Villarrubia Mauso
Apartado de correos 52039
C.P. 28080 Madrid
ESPAÑA

e-mail: pvilmau@teleline.es